因為進度太落後，所以需要
高效心理學

跨出舒適圈 ╳ 揮別拖延症 ╳ 培養抗壓性 ╳ 訓練判斷力，工作永遠跑在最前線！

奧里森・馬登
(Orison Marden)
——著

王東升——譯

TRAINING·FOR·EFFICIENCY

低效者：我得了一種準時會死掉的病！　✿ 奧里森・馬登：那就提早 15 分鐘開始。

低效者：我只要快起來品質就會很差！　✿ 奧里森・馬登：那是因為你做事情沒有規律。

低效者：我就是很難不在意別人眼光！　✿ 奧里森・馬登：那就讓自己對其他事情更感興趣。

與美國成功學大師的深度對談，
重新打造效率滿點的人生！

目錄

CONTENTS

CONTENTS

第一章　喚醒心靈

一個叫約翰‧菲爾德的農民這樣問戴維斯說：「戴維斯，你看這個孩子怎樣啊？」說這話的時候，他看著正在等待顧客的兒子馬歇爾。

「哦，約翰，你跟我都是老朋友了。」迪恩‧戴維斯從一個桶裡拿出一個蘋果，遞給了馬歇爾的父親，作為友好的示意，「我不想傷害你我之間的情感，但是，你也知道我是一個直腸子的人，那我就說一下心中真實的想法吧！馬歇爾是一個善良與有才幹的人，但即使他在我的商店裡做上一千年，也不可能成為一個真正的商人。他不是做商人的料，還不如教教他如何擠奶更好。約翰，你還是帶他回農場吧！」

現在，我來說明這樣一個情況：如果馬歇爾‧菲爾德（Marshall Field）依然在迪恩‧戴維斯那間位於麻塞諸塞州彼得菲爾德的商店裡打雜，那他絕不可能成為世界上最為傑出的商業巨擘。

當馬歇爾‧菲爾德隻身一人闖蕩芝加哥時，他看到許多與他一樣出身貧寒的年輕人都能有所成就的傳奇經歷，於是便激發了他想要成為一名成功商人的決心。

「別人都能夠做到如此神奇的事情，為什麼我就不能

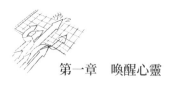

呢？」他自言自語。當然，必須承認一點，菲爾德一開始就具備了這種潛能，一種不甘落後的潛能。但是，我們必須看到，正是因為他處在一個能激發起勃勃雄心的環境裡，才將他的潛能發掘出來，然後釋放出潛藏在身體內的所有能量。

許多人似乎都認為，所謂的大志不過是某些人與生俱來的，與環境的關係其實不大。但事實是，許多人的雄心其實只是一種潛在的能量，需要借助外在的東西去喚醒與催發。

若是熱情能迅速與自身的教養融合起來，那將發揮多大的作用啊！不過，一定要記住：在這之後，是需要我們時刻用心地呵護與培養的，否則就會隨著時間的推移而冷卻，甚至消失。這好比音樂與藝術上的能力，需要不斷精心地維護、保養一樣，如若不然，就會凋零。

換句話說，如果我們不想嘗試去實現自身的理想，這種能力就不會變得銳利，目標也不會明晰起來。我們所具備的能力就會變得懶散，不需要多久，你就會失去原先的力量。

正如愛默生所說：「我最需要的就是有人能激發我去做自身能做的事情。做自己力所能及的事情，這就是問題的癥結所在，這並非拿破崙或林肯之輩所能做的，而是屬於我們自身能做的。我是否將自身最好的一面展示出來，抑或是最壞的一面；我發揮了 10%、15%、25% 或 90% 的潛能，這將對我產生重要的影響。」

其實，我們中許多人都是具有很強的能力，富有深厚的潛能，只不過現在還處於沉睡的狀態。倘若能夠喚醒，就可創造奇蹟。對此，我可以用這樣一個實例加以說明：在西部一座城市裡有一位法官，他是在中年時才將自身的潛能發揮出來。之前的他，還是一個目不識丁的鞋匠，現在他 60 歲了，擁有該城市最大的一間圖書館。這家圖書館為人們提供廣泛閱讀的書籍，不斷地幫助別人，而他自己也因此有機會閱讀大量的書籍，隨時補充知識的養分。

那麼，到底是什麼讓他的人生發生了如此大的轉變呢？其實是在他聽到了一段有關教育價值的演講後，受到了啟發。換句話說，正是這場演講喚醒了他心中沉睡的潛能，將迷失已久的理想重新找回來，從而在自我發展的道路上不斷前進。

我認識不少人，他們都是大器晚成的，他們幾乎都是在受到某種刺激後，例如閱讀某本勵志書籍，聽一場布道演說，與朋友偶遇或是別人的鼓勵與相信的話語，讓他褪去人生陳舊的一頁，醍醐灌頂。因此，我知道有這樣一種狀況，就是一些印第安學校會公布一些來自原住地的印第安少年的照片。在這照片中你會發現，他們在畢業時穿得很得體，看上去充滿了智慧，眼神中也閃爍著理想之光。當時所有人都對他們寄予了厚望，可是讓人痛心的是，他們中有不少人在

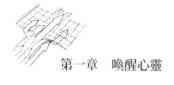

為一種新的生活方式掙扎一段時間失敗之後，就選擇回到原先的部落，過上原先的生活。當然，也有不少例外。這些人都有堅強的性格，能夠抵抗自身那種不斷後退的趨勢。

我為什麼要說這樣一種情況？原因在於 —— 如果你去問問那些失敗者，就會發現他們失敗的關鍵所在，是從來沒有處於一種激勵與健康的環境之中，理想也從未被喚醒，或是因為自身還不足以應對壓抑、沮喪與惡劣環境的摧殘。這樣的人看起來是多麼脆弱與可悲，如果能改變，他們的結局就會不一樣。

於是，我想要告訴大家，無論你的人生是怎樣的走法，無論如何都要努力讓自己處於一種振奮的環境之中。因為，這種環境會刺激我們走向自我發展的道路。很多時候，這就決定了偉大與平庸。

與那些懂你、信你、助你的人在一起吧！讓他們身上所湧現的無窮向上的力量激勵你去找回自我。與堅持不懈之人、成功之人、秉持高遠志向之人、認知之人在一起吧！你將深受這種環境氛圍的薰陶。因為，理想有一種傳染性。

當別人已經成功地攀登上了頂峰，而你還處於山腰時，你是往上趕，還是坐等別人的訕笑？無須多說，這完全取決於你自己。

▎第二章　世界為夢想者闢路

　　追夢者，讓生活更有價值，將人類從平庸的泥潭中拯救出來，讓我們的心智得到解放。那麼，你是一位追夢者嗎？

　　追夢者是人類進步的推動者，他們辛勤地耕耘著，彎著腰，汗流浹背，劈開荊棘，為後世人的前進拓展了康莊大道。倘若在漫長的歷史中將追夢者剔除，誰還願意去閱讀那了無生趣的歷史呢？

　　要知道，我們之所以能處於今天高度發達的文明社會中，全賴於歷史上代代相傳的追夢者。正是他們，將過往的一個個夢想變成現實。最為實用的能力就是一種能預見未來的能力，能站在更高的視角去審視未來的文明。擁有這樣能力的人能預見到，未來的人類必將能夠從一些狹隘的限制與束縛中掙脫出來，將今日盛行的迷信拋在腦後。他們不僅能預見，還能將這場願景變成現實。追夢者無一例外都是敢為天下先的人，將一些凡人看似不可能的事情變成可能。

　　功利短視之人告訴我們，想像力不過只是藝術家、音樂家、詩人等族群的專利，這在現實生活中是沒有半點用處的。推動歷史進步的人無一不是具有豐富想像力之人。比如，當代工業巨擘、商業鉅子，他們都具有強大的想像力，

對自己的商業能力充滿了信心。

　　不知有多少短視、缺乏想像之人，他們只會用一雙混沌的眼睛去看待事物。他們如何與諸如愛迪生、貝爾或是馬可尼（Guglielmo Marconi）等人相提並論呢？正是馬可尼當時將那個看似不可能的夢想實現了，才在最近恐怖的鐵達尼號海難中透過無線電拯救了數百人！幾個月前，無所畏懼的羅傑斯（Calbraith Rodgers）利用一個飛行器實現了跨越大洲的夢想。這個世界又該如何感謝摩斯呢？他發明的電報曾一度被認為只會是一個傳說。喬治‧史蒂文生（George Stephenson），原本只是一個貧窮的煤工，想像著有朝一日能發明動力火車，改變整個世界的運輸格局。鋪設跨過大西洋的電纜一直是塞勒斯‧菲爾德（Cyrus Field）的夢想——將兩個大洲緊緊地連繫在一起。我們要怎麼感激詩壇中的追夢者呢？比如，莎翁教會我們如何從尋常事物中找尋不凡之處，從混濁中看到卓越之處。人類最神聖的遺產就是擁有想像的能力。對那些夢想者而言，「石牆並不能造就一個高牆」。若我們相信自己能夠擁有一個美好的明天，那麼今天所遭受的苦難就顯得多麼的微不足道。倘若我們夢想的能力都被掠走了，還有多少人能有足夠的能力繼續懷著熱情去迎接生活的挑戰呢？可見，讓自己瞬間從所有的困惑、考驗、困境中擺脫出來，進入真善美的心境是多麼的重要，而擁有這種能力無疑

是無價的。

　　追夢是美國人特別典型的性格。無論出身多麼低賤與命運多舛，他們都能保持自信，頑強地與命運之神抗爭。因為他們相信，美好的日子即將到來。一個小小的職員想像著自己有一天擁有一家自己的商店，生活最為貧苦的小女孩想像著自己擁有漂亮的房子，最卑微的人想像著自己擁有了地位。夢想是相當美妙的。當我們有能力、目標堅定、有毅力，就可將夢想變成現實，但若不努力，只想著可以不費力氣就實現自己的願望，這只會降低自身的格調。只有腳踏實地，方能真正地富有成效。記住：夢想、勤奮工作、堅持，三者湊在一起才能取得成功。

　　然而，當今社會讓人擔憂的是，夢想與其他能力一樣，都面臨著被濫用的危險。比如，許多人什麼都不做，整天做著白日夢，將自身的能力構建於永不可能成真的空中樓閣。他們生活在矯揉、虛幻與理論之中，直到自身所有的功能都癱瘓得無法使用。

　　最美好的事情就是，努力去按照我們最高的理想去塑造自己的人生，永遠追隨它，至死不渝。是理想的實現讓我們變得強大與實用起來，實現的夢想會成為新的啟程點，激發著人們不斷地上路。同時，正是這種時刻想著圓夢的動力讓我們在世上找到了希望。

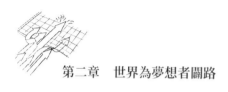

　　夢想與從善 —— 這是約翰・哈佛（John Harvard）臨死時留下幾百美元建造哈佛學院時的一個夢想。耶魯學院剛成立的時候，收藏的書籍其實並不多，但他卻懷抱著一個從善的夢想。

　　永遠不要停止追夢的腳步，不斷地拓展自己的視野，相信夢想，珍視夢想，並努力實現它。因為這讓我們的人生有所期待，讓我們不斷向前，朝著更高更遠的方向進發，這些都是天賜的能力。

　　夢想就是指引我們步向天國的雙手，我們有怎樣的願景，生活就有什麼顏色，美好的夢想就是日後生活的寫照，請相信這一點！

▍第三章　破釜沉舟

當凱薩揮軍英格蘭時，他已經決定了永不撤退。他想讓士兵們都知道，此行若無法取得勝利，就只會戰死沙場。所以在士兵們面前，他下令將所有的船隻都燒毀了。凱薩此舉就如拿破崙一樣，他擁有這種做出最終決定的能力，將所有彼此衝突的計畫統統捨棄。

年輕人時常會犯錯，這很正常。當我們著手去做一件事的時候，若覺得可能過於艱難，就總會考慮為自己留一條後路。換句話說，一個人如果知道前路的障礙過於強大的話，至少還有某條可以撤回的道路。其實，這樣做永遠也不可能將自己的潛能發掘出來。我們應盡自己的全力去做應做之事，因為只有沒有後退的餘地時，一支軍隊才會以殊死的狀態去戰鬥。

「因沮喪而後退的人」，這是許多臨陣脫逃的士兵們一個羞恥的墓誌銘。年輕人在剛開始工作的時候，應有一個全面的計畫，應有認為自己能取得成功的勇氣，應勇敢地面對所有困難，然而不乏有一些年輕人總是沒有什麼計畫，沒有堅定的決心，害怕長時間的等待或艱苦的拚搏。

當我們目睹許多意志不堅定的年輕人在商場、辦公室、

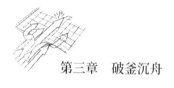

工廠的表現是那麼的游離不定時，這不禁會讓人感到遺憾萬分，年輕人就應該勇敢向前，像一塊火石一樣朝著一個堅定不移的目標前進，勇敢向前永不後退。

倘若你能全身心地專注於某個目標，任何事情都無法阻擋你，你將不會理睬許多漫無目的或意志不堅之人看到十分強大的障礙。這是因為，讓自己毫無保留地專注於某個偉大的目標之上，將會產生一種巨大的力量，但凡全身心投入某事的人，必然能有最強的專注力去推動事物，疑惑與恐懼在勇敢的心靈中遁逃，勇敢的決心會讓許多困難與挫折顯得不足掛齒，在這種巨大力量面前，許多阻擋你的敵人都會潰不成軍。嘗試阻擋一個決心十足的人是不可能的，就像格蘭特將軍所做的決定一樣，他所做的決定如同一個不可扭轉的命運，一旦決定就難以回頭，不留任何反覆的餘地。

猶豫不決的血液在許多人的血管中流淌著，他們似乎無法切斷退後的道路，總是想著該留哪條道路作為撤退的道路。他們沒有意識到毫無保留地投入到一個目標之中，讓自己堅強地獨立起來，唯有培養一種強大的自我獨立能力，才能驅除猶豫不決的習慣。

一個勇於去迎接各種挑戰的人所具有的勇氣是值得讚賞的；勇往直前與絕不後退的毅力是值得讚美的。這不僅讓我們更為自信，也能感染周圍的人，由此我們會很自然地相信

一個有如此態度的人。在這樣的人強大自信的背後潛藏著一個十分充分的理由 —— 他意識到自己在做什麼。這樣的人必然是生活的強者。

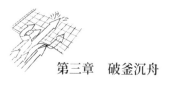

第三章　破釜沉舟

▎第四章　不要心存僥倖

在這世界上，最強大的小偷就是拖拉的習慣，但是這些小偷仍在逍遙法外。

沒有比一再拖延決策重要的事情更能摧殘我們的人生了，若你有這種做事傾向的話，那就強迫自己迅速做出有力的決定。無論你決定的事情多麼重要，儘管這需要你仔細地研究事情的方方面面，以及權衡利弊，但切記不要因此而拖延。記住：不斷接受這種誘惑是致命的，千萬不要讓自己成為優柔寡斷的受害者。我們都知道，若是一個積極向上的人犯了錯誤，他馬上就會予以改正。但是猶豫之人卻總是在思前想後，將每個細節都過濾一遍，最後才敢做出決定。這樣的人，怎能成功？

若你養成了果敢決斷的性格，那麼在你做出決定之前，你就能很好地運用自己的判斷力。若你總是戰戰兢兢時刻都在猶豫，你永遠也難以做出一個正確的判斷。當你知道自己會因為某個不成熟的或錯誤的判斷而飽受傷害時，你就會變得更加小心，換句話說，你的判斷力將和你對自己決定能力的信任、依賴與使用程度成正比。所以，當你做出一個最終決定時，絕不要留下任何後路。真正有所成就的人一般都不

是那些受一時運氣青睞的人。他們通常都是腳踏實地、兢兢業業地工作的人。當年正是富爾頓（Robert Fulton）推著槳輪，麥可‧法拉第在一家藥店的閣樓裡研究出瓶子與鐵盤；惠特尼（Eli Whitney）則在地窖裡發明了一些實用的工具；埃利亞斯‧豪（Elias Howe）則是利用粗大的針與梭子製造出了縫紉機器；貝爾教授生活清貧，卻用最簡陋的器具試驗著，最終推動著人類文明的進步。

　　一個個剛開始出身卑微卻懷抱偉大志向的人，最後取得了成功，他們不懈地奮鬥，長時間地等待，度過了艱難困苦，最終達到勝利的彼岸。他們能在平常的生活中抓住機遇，讓自己從芸芸眾生中脫穎而出。不僅如此，還有許多能力平平的人，他們靠著不屈的意志與堅定的目標而取得了成功。

　　缺乏機會是很多失敗者為自己所找的藉口。試著去問問那些失敗者，多數人都會告訴你，他們沒有獲得比別人好的機會，也沒有貴人相助，或被人拉上一把，他們會告訴你，所有的好位置都被填滿了，每個職位都充滿了競爭，自己根本沒有機會，當他們想去抓住某個機會時，別人已經搶先一步了。真正有目標的人是不為自己找藉口的。他們努力工作，從不抱怨，他們不斷向前，從來就沒有等著別人去幫助他們，他們只是不斷地自助，他們沒有等待某一個機會，而是自己去製造機會。

亞歷山大在一場競選之後，別人問他要是有機會的話，是否會到另一個城市去。「機會？」他大聲吼道：「為什麼要等機會？我要自己創造機會。」往往就是這種自己創造機會的人，才是這個社會所需要的。許多人都在夢想著在未來能獲得財富與聲望，但他們卻總是在等待某個機遇。他們沒有意識到他們之所以還沒達到目標，就是因為他們總是在尋找機會，而不是努力做好自己的工作。因此，重要的是我們不能養成坐等機會的危險習慣，在這種等待之中，能量與動力都被無聲無息地消磨掉了。對那些無所事事或到別處找尋機會的人來說，機會彷彿是不存在的，只有那些能幹之人、時刻對機遇敏感的人才能看到機遇的身影。

　　你可能認為偉人所依賴的不過是不尋常的機遇，而事實上，讓人不斷進步的墊腳石在於你所做的事情以及做事的方式，而與機會的大小無關。你所處在的位置也許競爭激烈，但總是會有不斷提升的空間的。在這競爭激烈的年代，數以百萬計的人們可能面臨著失業，抑或已經有不少人業已失去工作，但其實每個職位都在張貼著「招聘廣告」──我們這裡缺人。記住，不要為此而感到悲傷和鬱悶，這個世界時時刻刻都在找尋訓練有素的男女、更有才能的管理者與領袖、視野更為寬廣的男女，因為只有這樣企業才能取得成功。

　　我們之所以高估困難，癥結點在於將機會本身看得過高

和過重了，這好比為了找尋玫瑰，卻將腳下的雛菊都糟蹋了。我們忘記了最偉大的東西都是最簡單的。若是當今這些「喜歡抱怨的青年」與當年的林肯 —— 一位砍柴人的兒子交換一下位置，他們覺得自己的機會幾何呢？若他們從小住在簡陋的木屋，沒有窗戶與地板，在荒原之處，遠離學校、教堂、鐵路、報紙、書籍與金錢，缺乏基本的保暖用品以及一些最基本的生活用品，他們會怎麼辦呢？若是他們每天要步行幾里到最近的破爛的學校上學，他們會怎麼辦呢？若是他們必須要沿著鄉間小路步行 50 里去借幾本書，只能在一天辛勤工作之後借著晚上木材的火光去閱讀，他們自我學習的機會有多少？若他們都像林肯那樣，只能接受一年的基礎教育，然後就被迫進入社會，他們成功的機率又是多少呢？但事情的真相是，正是這種艱難困苦的環境造就了這個國家最偉大的總統，正是這種環境鍛造了林肯世上罕見的偉大人格。

只要每個人有能力抓住機遇，沿著目標不斷前進，就能取得巨大的成功。但是，我們必須記住，自己才是自己的主宰，只要你讓別人控制著，機會就在別人的手中，失敗就是不可避免的。機會源於你的性格，成功的潛能源於你自己，所有的成功不過是自我演進的綻放與表達而已，正如日後一株參天大樹的無限可能性在種子中已經包含了。不要誇大機

會的重要性。在這個國家裡，一個出身於小木屋的貧窮的人都能入主白宮。

在這個國家裡，數以萬計的免費日校與夜校、免費的講座，在所有年輕人基督協會中都有免費的教育課程。在這個國度裡，即使是出身貧寒的孩子，都能成為國會議員；最迫切的孩子都可能成為商業巨擘、銀行家或金融家；火車司機或是機械部件的製造者都可能成為鐵路公司的主席。許多企業或是機構都是那些從不等待機會的人創辦的，他們所依靠的不過是自身的努力與正直。在這片大陸上，無數的例子都在證明著一個道理：只要我們讓健康的孩子學習知識，就無法阻擋他們前進的腳步。

不要坐等機會了，歷史已經反覆證明，逆境更能激發人的鬥志。不要心存僥倖，所謂的缺乏機會不過是弱者為自己找的藉口罷了。

第四章　不要心存僥倖

▎第五章　勇於進取

「勇於進取！」這是巴倫‧羅斯柴爾德的人生格言，同時這也是所有成就偉業的人所共同秉持的格言。不僅如此，諸如埃利亞斯‧豪、菲爾德、史蒂文生、富爾頓 (Robert Fulton)、貝爾、摩斯、艾略特、愛迪生、馬可尼、萊特，這些在每個時代不同領域的先驅者們，他們都是勇於開拓進取的人。正是他們讓人類的文明不斷向更高、更深的境域發展。那些勇敢為人類文明而奮進的人，幾乎都是先驅者，他們從不複製別人的道路。偉大的心總是不願意走尋常路或慣常的老路，總而言之，無畏與創新，這些是所有進取之人的共同特徵。他們並不是一味地耽擱於過往的事物。

當杜邦因未能攻下查爾斯頓而找藉口時，嚴厲的法拉格特 (David Farragut) 上將說：「還有另一個原因你還沒提到，就是你不相信自己能夠做到。」一個人若不相信自己能夠做到一件事，那他永遠也做不到。越早認清楚這一點，即自己無法從外部條件獲得多大的幫助，只能靠自己的不斷努力，那麼我們就越能更好地成長。不要害怕自己的想法，相信自己、肯定自己的個性才是你必須要做的。真正有所成就的人，都是那些相信自己思想、能夠進行獨立思考與行動的

人，並不懼怕孤身一人。他們為人勇敢，極具創新性，能力全面，有勇氣去闖蕩別人所不敢去的領域。

格蘭特將軍因為沒有按照軍事書籍所寫的去做，而受到其他將軍的指責，但他卻結束了內戰。拿破崙不顧以往戰爭的方法，勇於革新，震懾了整個歐洲。許多有能力與主見的人總是勇於打破常規。狄奧多·羅斯福勇於革新白宮的傳統以及一些政治傳統，在他人生階段的每個職位上，無論是警察專員以及州長，還是副總統或總統，他總是堅持自己的主見，而不是讓自己成為別人。他總是杜絕模仿，一個人的失敗程度與他脫離自己本性的程度成正比。一句話，他那無與倫比的能力源於那種保持自我特色的能力。倘若任何人想透過模仿別人的方式來取得成功，無論別人的人生有多麼成功或偉大，都是不可能的。請一定要記住：成功本身是不可能成功地複製的，成功需要原創性，需要自我本真的釋放。

當亨利·沃德·比徹（Henry Beecher）與菲力浦·布魯克斯（Philips Brooks）處於事業巔峰時，數以百計的年輕牧師嘗試去模仿他們的風格、舉止、談話方法以及手勢習慣等。但是所有這些模仿者都未成氣候，除非他們放棄複製或抄襲別人，開始找回自我，才有可能取得成功。

世界始終為那些有目標的人讓路，這些人到哪裡都是搶手，而那些依靠別人的追隨者則沒有多大的發展空間。這個

世界都在找尋具有原創能力的人，尋找勇於走出過往的窠臼、勇於開拓新時代的人。

進取之人總是朝著陽光的方向前進，保持心智的開放。他並不在乎前人已經做過了或以什麼方式去做，抑或被多少神話包圍著。讓我們達成目標的能力正是在我們心中，在於我們的能量、勇氣、果斷、意志、原創性與性格。

當今世界的進步不過是我們在過往的基礎上不斷取得進步，淘汰過時的機器以及陳舊的觀念、愚蠢的迷信、成見或迂腐的方法是很有必要的。現在哪怕是最先進的機器，在 5 年之後可能也會被日新月異的機械製造界的推陳出新所淘汰，進入廢品站。不久前，英國售出 30 艘現代戰船，獲得了 1,500 萬美元，但實際建造的費用卻是低於這個售價的 5%。這些戰船真正服役的時間並不長，因為造船技術在不斷進步，這些船不需多久就會被淘汰。

過往的許多沉重枷鎖讓許多人認為事情是不可能的。「這做不了，這是完全不可能的」是許多迷戀過往之人的口號。這個世界的進步歸功於過去與現在打破成規者，若是沒有這些傳統的破壞者，世界的歷史將是亙古如今、一成不變。

現代生活的舒適、方便及奢華都是源於那些打破傳統與過往習俗的人，他們不顧眼前的困難、障礙、別人的嘲笑，創造出更為完善的一套秩序，推動著世界不斷進步。

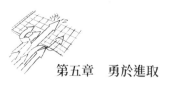

第五章　勇於進取

第六章　自信的奇蹟

　　有人曾說，當拿破崙出現在戰場上，士兵們的戰鬥力立刻上升一個等級。

　　假如說一支軍隊的力量在於士兵們對其統帥的信任，那麼當統帥自我猶豫、搖擺不定的時候，整支軍隊都會處於軍心渙散的狀態。換句話說，統帥的自信可以提升每個追隨他的屬下的自信度。可見，士兵們必須相信統帥，這是軍隊取得勝利的一個基礎。自信，通常讓那些看似相對無知的男女做出轟轟烈烈的事情。然而許多為人敏感、懷疑、卻具有巨大能力與潛力的人反而不敢去嘗試。當拿破崙指揮軍隊穿越阿爾卑斯山脈時，許多人認為這是不可能做到的，正如你也認為自己不可能會取得一些偉大成就一樣。因為我們總是對自己的能力持一種懷疑的態度。這幾句的意思是說，你所獲得的成就絕不會高於你的自信。

　　即使一個人天資聰穎、飽讀詩書，但他所取得的成就都不會超過其自信的限度。他只能成為自己心中想要成為的那個人，而不可能成為別人，這好比一條小溪的流量難以超過其源頭；而一個人要想成功，就必須要有強大的期望值、滿滿的自信及持之以恆的決心。

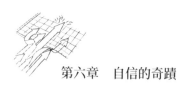

有一個士兵的使命是傳達拿破崙的一封信，但是由於行程過於緊密，他騎的馬匹死了，但還沒有到達目的地。於是拿破崙口述了自己的話語，交給這個信使，讓他騎自己的馬以最快的速度趕去。

這位信使看著這匹體格健碩的馬匹說：「不，將軍，這匹馬對於我這樣一個普通士兵來說，過於強壯，難以駕馭。」拿破崙說：「對一個法國士兵來說，沒有什麼能強壯到難以駕馭。」

這個世界充滿了像這位可憐的法國士兵一樣的人。他們總是認為別人要比自己更強，覺得自己謙卑的地位與某些東西難以匹配。他們並不希望獲得那些「受寵」之人所擁有的東西。許多人認為，活在世上他們是注定難以擁有最為美好的東西，生活中的美好注定與自己無緣，而擁有這些美好的東西和生活中的美好，只是那些備受命運青睞的人的特權。他們就這樣在這種自我踐踏的心理狀態下成長，直到在他們意識到自身擁有與生俱來的能力之前，他們注定會一直這樣沉淪下去。他們只能屈尊去做些小事情，過著平庸的生活。因為他們並不希望自己不斷地挖掘自身潛能。所有這些缺乏自信的人，「注定」一詞是對他們最好的懲罰。

親愛的朋友們，請一定要秉持自我信念就是朋友、名聲、影響力與金錢最好的替代品。因為這是世界上最有價值

的資產，這種資產能讓我們克服更多的困難與障礙，讓我們不斷前進。

人要對自己有一種真實與寬廣的評價，具有某種強大的氣質，要相信自己一定能夠出人頭地。比如這些優良氣質所展現出來的儀表與風度，會給人一種強烈的感覺，這就是「事未做，行未動」事情已成功了一半。看看自信與肯定之人所能做的事情吧！會讓那些自我貶低與消極的人感到無奈的。因為在後者身上你看不到前者所具備的特質，他們無法對自己做出正確的評價。

自信者則讓整個世界都為他讓路。倘若分析一下許多白手起家的人所取得的巨大成功的原因，就會發現當他們開始創業時，對自己的能力都有強烈的自信，並堅信自己一定能夠成功地做好眼前的事情。而那些對自己抱有較低期望值的人，他們總是感到恐懼與疑惑。因為他們對自身的要求過低。

「如果我們選擇不去做一塊泥土的話，」瑪麗·科勒麗說，「那麼，我們就應該勇敢地踏著泥土前進。」如果你在前進的道路上意識到自己的儀表或舉止讓你顯得自卑；如果你的所作所為都彰顯出你的不自信，對自己沒有一絲尊重。那麼，你一定不能去責備別人按照你對自己的評價來衡量你。

世上有一種永恆的目標，一個神性的計畫，都在我們的

靈魂深處埋藏著。當你意識到造物者讓你成為一個更為高尚的生物，以一雙神奇之手讓你去服務於一個更偉大的目標時，你將感受到一種前所未有的推動與鼓勵的力量。

　　若你無法利用自己的天賦，並以最佳的方式來實現最好的自己的話，那麼這個世界就是不完整的。

第七章　身體活力與成功

　　當我們身體健康時，心理功能以及每項能力都被神奇地強化了。此時，整個生命系統的效率便會大為提升。可惜的是，很少人意識到身體的活力與他們在事業上的成敗之間的重要關聯性。

　　健康的身體與多餘的身體能量儲備，決定我們能夠去做偉大事情。反之，羸弱的身體只會讓你畏首畏尾，不敢主動出擊。生活的重要獎賞在於讓我們每天都處於一種最佳的身體狀態，讓每個身體機能都處於一種完善的狀態，讓身體盡可能儲備多一點能量。如果不這樣，你就很可能在長時間的工作之後，感到筋疲力盡，血液流動緩慢，大腦早已不堪重負，沒有剩餘的能量讓你去應對生活的重重挑戰。你無法只用自己的指尖去抓住生活的成功，你不能只出勤不出活。因為，只有當我們充滿活力、身強體壯之時，我們的行為才會顯得更加自如，而不是不自然與僵硬。唯有像前者那樣，我們才能以創造性的思維去應對工作。

　　試想一下，當你在一夜消沉或失眠之後，身體早已疲憊不堪，此時身體機能必然會受到損害，感覺變得遲鈍。於是理所當然，你所做的每件事都將免不了帶有軟弱的印記，一

個人在這樣的軟弱之中，怎麼可能會有成功人生的快意呢？當一個人工作的時候，感到懨懨欲睡，大腦遲鈍，工作的標準與思維能力在迅速下降，心智在搖擺，腳步蹣跚，這樣的狀態難以創造出任何有價值的東西來。簡而言之，這就是許多人之所以失敗的原因 —— 他們無法將工作做到最好。偉大的將軍不會讓自己的軍隊處於內部的衝突之中，然後以低迷的狀態去參加一場決定性的戰役。他所統領的士兵必須處於養精蓄銳的狀態，時刻準備著投入一場偉大的戰鬥之中。

　　所有的事情成功與否都取決於一點，即我們是否願意為贏得人生這場偉大的戰鬥而讓自己處於最佳的狀態。比如一匹瘦弱的馬在一個訓練有素的訓練師的手下能夠擊敗一匹半死不活以及沒有經過訓練的高大馬匹。同樣的道理，當一個普通的人處於一種最佳狀態，他將戰勝一個生活放蕩與不檢點的天才。總之請記住：若你的血液中沒有流淌著熱情與能量，身體組織沒有一絲後備能量的話，那麼從一開始你就會輸得很慘。倘若某人深信自己有足夠的身體能量就能讓他掌控整個時勢，能夠應對任何緊急情況，那麼他將從恐懼、煩惱、不安、疑惑 —— 這些讓弱者不堪其苦的枷鎖中掙脫出來。

　　在旺盛的精力中一定存在著巨大的創造能力。因為這可以增強身體機能的力量，這可讓我們的工作更為順利，這肯

定要比精力下降時更為高效。事實上，身體機能的健康運轉，不僅讓我們生活得更好，而且對我們從事工作也有巨大的幫助。在這裡提醒一下那些成功的追求者，你們應小心翼翼地支配各種能量的收支以及大腦活力的使用，這是極為重要的。因為善用精力是我們取得成功的一個重要砝碼。

許多胸懷大志的人，卻總是被別人嘲笑，這似乎是生活中的一種常態。這樣的人內心是很想證實自己一定行的，但是他們卻沒有足夠的精力去支撐自己。這多可惜呀！也有許多人都在浪費著自己的精力，將本應取得成功的寶貴精力浪費在各種毫無用處的消遣之中。相比之下，後者則讓人覺得悲哀！

若是狄奧多‧羅斯福對自己的身體狀況沒有一個準確的判斷，他是難以取得如此輝煌的成就的，終其一生可能只是一個可悲的失敗者。對此，他曾對自己說：「我是一個體弱多病的孩子，但是我自己可以決定自身的狀況。我決定讓自己變得強壯與健康起來，為此我會盡自己最大的努力。」

健康與成功取決於均衡的發展，這種均衡在於身體與心理的一種和諧狀態。為此，我們應該做任何可能之事去保持身體機能的平衡。同時這也意味著心理與道德上的平衡。

生活中的我們所面臨的許多疾病產生的原因在於我們的單向發展。比如，由於身體某些組織細胞過度的刺激，而另

一些則備受飢餓 —— 過度的縱欲或營養不良造成，這個時候，適當的營養補充是極為重要的。

心智與身體的鍛鍊是疾病最為適合的醫療補救，這對於保持身體健康是極為重要的。只有在持續的鍛鍊下才能獲得完美的健康，在正常狀態下，工作也是心靈最好的調節器。

無論在哪裡，懶惰只會造成災難，錯誤與犯罪都是由於懶惰而引發的。當一個人忙於各種有益的工作時，他是安全的，他能夠免受於懶惰所帶來的許多傷害。

一位著名的英國物理學家稱，一個人要想活得長壽，在醒來時大腦必須處於一種積極的狀態。他還特別強調，每個人都很有必要在工作之外有一種業餘愛好，這樣可以好好地從生活中感受到樂趣。不過這應以輕鬆、自在的方式進行，而非絞盡腦汁去刻意為之。

最後我依然要強調這一點：活力意味著生命，而懶惰則只會通往死亡。切記！切記！

第八章　只有更好的沒有最好的

　　數以千計的人因為自身未能完全克服早年生活所養成的懶散、馬虎與隨性、凡事總是三心二意的習慣，以至於他們無法在生活的道路上全速前進，只能從事一些低級的工作。

　　最近當我參觀一家大型企業時，看到這樣一條標語：只有最好的才是好的。我深深為之震撼。這是多好的一條人生銘言啊！要是每個人都能將之視為人生座右銘，並加以實踐的話，那麼這個世界將發生翻天覆地的變化。當他們下定決心，無論做什麼事情，只有做到最好才是讓自己滿意的，這該是一個怎樣美好的世界啊！

　　人類歷史上充斥著許多由於沒有養成細心、全面、精確的做事習慣而造成的不可挽回的悲劇。不久前，賓夕法尼亞州奧斯丁的一座城鎮被洪水沖走，原因就是在建造大壩的時候偷工減料。這樣的工程導致了本應該在計畫範圍內要加以穩固的基礎沒有被好好建造，於是悲劇不可避免地發生了。在地球上的每個角落，我們都能看到一些因為工作馬虎所帶來的悲劇。許多人之所以要安裝木腿，沒有了雙臂，沒有了父親或母親的家庭，還有那數不清的墳墓，這些無一不在控訴著某些人草草了事的工作、失職以及沒有養成精確的習慣。

　　若每個人在工作時都能按照自己的良心，善始善終，那麼不僅會減少人類的慘劇，讓許多男女免於殘疾的命運，一個習慣於藐視工作的人，實際上是在詆毀自己的人格。馬虎的工作造就馬虎的人生，一旦養成了做事馬虎、懶散的習慣，這種習慣必然會蔓延到其他工作上，讓人不願意誠實的勞動。你所做的每一件懶散的工作，都會讓你的競爭力、效率以及做得更好的能力下降。這是對自尊的一種冒犯，對自己的最高理想的侮辱。因為我們的工作就是自身的一部分。不僅如此，你所做的每一件低劣的工作只會讓你不斷沉淪，阻礙你前進的步伐，可謂後患無窮。

　　成功的一個象徵就是善始善終，無論對待大小事務都要做到一絲不苟。一個想要成功的年輕人是不應該滿足於「還不錯」，他應該堅信只有完美才符合他內心最真實的心意。況且，正是這些在天性中要做到最好的欲望、無法接受任何不足的態度，才不斷地推進著人類的進步，提升了人類的道德標準、理想的高度以及為世人立下了標竿。

　　許多年輕人之所以停滯不前，很可能就是被一些他們認為無關緊要的小事所束縛。比如忽視、做事不精確等。他總是無法很好地將一件事做到最好，他總是需要其他所有的條件都要適合自己；他的工作總是需要別人檢查一遍才放心。數以百計的職員或是會計員之所以在一個卑微的職位上獲

得少得可憐的薪水，因為他們從來沒想過將一件事情做到最好。這些不好的行為正如有人說：「正是無知與忽視之間相互競爭，才給人類製造了如此之多的麻煩。」大多數年輕人都不清楚一點，那就是引領他們不斷向前的道路是由他們一步一個腳印踏出來的，這些都是繫於平常忠誠地履行一些普通、卑微的日常工作。記住：今天你所做的一切，將開啟明天你不斷前進的大門。

許多職員都在期望有某些重大的機遇，期望以此充分展示自己的才華，有人自言自語地說：「在這日常枯燥無味的工作之中，整天都做著這些平凡與普通的工作，怎麼可能會有出頭之日呢？」但是他們往往忘記了，正是這些看似簡單的工作中蘊藏了巨大的機會，那些能看出其中門道的年輕人能夠在平凡的職位上看到不一般的機會，然後透過自身的努力最終走向了世界。這些事關我們每天做更好的自己，讓自己的事情更為利索、衣著更為整潔、做事更為精確，更為留心生活和工作細節，我們絕不可忽視或者看不起。你應該以創新性的方式去打破過往的做事，當然這需要我們的智慧，也取決於我們是否待人更為有禮、做事更有責任心、待人處世更為圓滑、為人更為樂觀一點、精力更為旺盛一點。一句話，不論你的薪水多低，你也不能讓自己手中的工作馬馬虎虎地完成。當你完成一件工作的時候，應該勇敢對自己說：

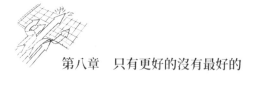

第八章　只有更好的沒有最好的

「我願意為自己的工作承擔一些後果，這可能還不是最完善的，但這是盡全力去做的。我願意為此承擔責任，我也希望別人以此來對我進行評判。」

狄更斯在自己沒有完全做好準備的情況下，是絕對不會在聽眾面前發表演說的。在向大眾演說之前，他要在半年前，每天都堅持朗讀一些章節。法國著名小說家巴爾札克有時候整個星期都忙於某句話的思索。而許多現代作家卻仍然很不解地疑惑著，巴爾札克的名聲到底從何而來？

做事周全，這是所有成功人士所共同擁有的一大特點。所謂的天才，不過是能忍受常人所不能忍受的付出罷了。許多年輕人所面臨的一大問題在於，他們似乎認為即便是那些馬虎過關、半生不熟的工作，都能讓他們的事業一帆風順，獲得世人高度的讚揚。

許多人將自己馬虎與懶散的工作歸結於缺乏時間。但在日常的生活中，有很多閒置時間去做一些事情。若我們養成了凡事追求完美、有始有終的習慣，我們的生活將會更加圓滿、更為讓人滿意；多數人的人生就會顯得更加充盈，而非殘缺不堪。

無論什麼時候都要做到追求最好，絕不要讓自己做出低劣的成果。無論你從事什麼，請讓自己的品質達到最好！

▎第九章　自由無價

一般而言，許多人的理想都是在沮喪與無法改變現狀中逝去的，如果你想過上一種更為廣闊的生活，充分將自己的才華發揮出來，將自身的潛能都激發出來，就必須不顧一切爭取自由。

可是，許許多多的年輕人卻生活在一個充滿束縛與不適宜自身發展的環境之中，他們在這樣壓抑自身熱情、扼殺理想與努力的情況下，精力與時間都被糟蹋了。他們沒有勇氣或決心去斬斷這些束縛自己的枷鎖，將一切阻滯自己前進的東西都通通拋棄，讓自己活在一個能充分發揮自己力量的環境下。

若我們壓制自身的優點，這是無法補救的，為此我們必須盡最大的努力去將自身的潛能發掘出來。在這個過程中，我們可能會遇到許多阻滯、痛苦或與厄運對抗，但是無論怎樣，我們必須將性格力量發揮出來。因為這關係到我們的人生是否高效。這樣超越自我的艱苦過程就好比珠寶只有在打磨之後，將表面的粗糙去掉，讓其中的寶玉顯露出來，這樣才能讓其閃耀應有的光芒。這也是從黑暗走向自由所必須付出的代價。

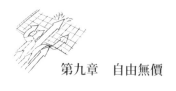

第九章　自由無價

　　許多人深深地陷在無知的泥潭中無法自拔。他們無法從教育中獲得寶貴的自由，他們的心理潛能從未得到鍛鍊，他們沒有足夠的能力讓自己從這種枷鎖中掙脫出來，因為他們在早年的時候就沒有獲得刺激去彌補這樣的缺失。他們覺得自己已經老了，沒時間再去學習什麼，在他們看來，人生要獲得自由的代價實在是太高了，他們本可以不斷地朝著向上的階梯前進，卻仍然在低矮的平原上默默勞作著，被偏見或迷信所束縛，人生顯得狹隘與卑微，這是最沒有希望的一種人。他們的目光是如此短淺，竟然連自身自由與否都無從判斷，相反他們覺得別人是困在牢籠裡，這著實讓人覺得可悲！

　　羞澀同樣是通往自由的攔路虎，有很多的年輕男女都雄心勃勃，想要大展宏圖，卻被過度地羞怯的枷鎖所阻攔，他們感覺自己心中還有沒被利用的潛能，想要努力發揮，卻害怕自己會失敗，他們缺乏自信，以致無法前進。

　　不僅如此，他們害怕別人認為自己搶風頭或自我表現，於是緊閉雙唇，雙手顫抖，讓自己的理想在不敢行動的思索中失去實現的機會，他們不敢去做自己沒把握的事情，總是一味地等待，希望某些神祕的力量能夠賜予他們自信或希望。

　　許多人都由於自身的部分天性沒有得到釋放而受制，無法通往更為自由的方向，當我們的人生可以做一些更為宏大

的事情時，卻委身於一些小事之上，當我們無法擺脫阻礙自己前進的事物時，這是難以繼續的。由此可見，消除一切阻礙我們前進的事物，盡量讓自己處於一種和諧的環境中，這是事業取得成功的第一個前提。

我們中多數人所遇到一個問題是，當我們懷抱要取得成功的野心時，卻沒有讓自己處於理應獲得勝利的狀態之中。於是我們將一切過分地交付於運氣了。

無法實現的理想或願望會不經意間將人的心靈蠶食掉，將品格的力量全部榨乾，將希望破碎，給難以盡數的男男女女的人生帶來巨大的傷害。這讓他們原先規劃的人生變成了一場夢。

試著去問問世上那些取得成功的人，他們都會將自身的成功歸功於自身的力量、寬廣的視野以及豐富的閱歷，他們會告訴你，這些都是他們努力所獲得的結果。他們讓自己養成了最佳的自律、最好的性格鍛鍊他們以此來努力擺脫不良環境的影響，打破加諸於身上的枷鎖。他們努力獲得教育，讓自己遠離貧窮，實現自己心中渴望已久的夢想，珍視目標 —— 無論是大是小。

一個獲得自由而有才華的人要比一個備受束縛的天才更能有所成就。如果某個天才正被這樣束縛著，他就必須克服許許多多不利的條件，否則他很有可能就是庸人一個。

　　對此，我認為任何人要想獲得快樂，就必須將自身的性情最大限度地發揮出來，否則我們是很難感受這種歡愉的，只有最好地發揮自己的潛能，我們才可以逐漸地發掘自己的其他才能。

　　在今天，有很多人都在為別人工作，而他們實際上都比自己的雇主更有才幹，但他們卻被債務或交友不慎所束縛，能力無法得到施展，他們難以獲得讓自己的能力得到展示的機會。

　　絕對不要讓自己處於一個無法施展才幹的位置上，不管這個位置有多高的薪水或有多高影響力與地位。不要人云亦云或失去自己的主見。我們要將自立視為與生俱來的權力，這是無論如何都不能放棄的權力。

　　世上有什麼能夠彌補一個有前途的年輕人，因失去行動、言語或信仰的自由所帶來的損失嗎？任何金錢能夠讓他一輩子卑躬屈膝，活在別人的陰影之下，不敢用銳利的目光直面這個世界，讓自己的能力就此埋沒所帶來的缺陷嗎？

▌第十章 當貧窮成為一種祝福

有人問一位著名的藝術家：「那位跟你學藝的年輕人日後是否會成為偉大的畫家呢？」

藝術家回答說：「不，絕對不會。他每年的收入 6,000 英鎊。」

這位藝術家深知，面對重重困難而鍛鍊出的堅強性格是人生的寶貴財富，這對人的成長極為重要，或許你不懂這句話的意思，不過不要緊，安德魯・卡內基（Andrew Carnegie）曾說：「那些不幸成為富人兒子的人真是不幸，他們必然在人生的賽跑中落後。富人的多數孩子都無法抗拒財富所帶來的誘惑，讓他們墮落到毫無意義的生活中。窮人的孩子所要害怕的並非這些紈絝子弟。」

卡內基還說：「合夥人的兒子是絕對不會阻擋你的道路的。而是要小心那些與自己一樣貧窮，甚至比自己更加貧窮的人，他們的父母無法支付他們上學的費用，無法與你在一個職位上競爭或在擂臺上超過你。要小心那些從普通學校畢業後直接工作的人，他們可能剛開始只是從事打掃辦公室的工作。但也許到最後，他就是那位贏取所有金錢與掌聲的黑馬。」

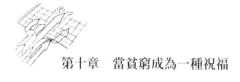

努力奮鬥擺脫貧窮，能鍛鍊人的能力。若是每個人都是含著金湯匙出生，若沒有人需要自己努力去為生計奔波，我們人類將仍處於原始社會。只需稍微瀏覽一下歷史，就會發現在每個行業取得成功的人剛開始都是窮小子出身的。我們這個國家最為成功與有益社會的人都是出身於貧窮的家庭，我們這個時代的著名商人、鐵路主席、大學校長、教授、發明家、科學家、製造商、政治家以及人類很多的行動——許多人都是迫於生計而不斷努力，總是不斷地盡自己最大的努力。

許多年輕的移民來到這個國家的時候，都是沒有接受教育、不懂我們的語言、舉目無親、身無分文，但是他們卻總是獲得顯赫的身分與地位，讓許許多多掌握了財富、教育和機會的人深感恥辱，這真讓人欽佩啊！

能力是戰勝自己的結果。巨人也是在與困難的博弈中不斷壯大起來的，一個不敢努力奮鬥與克服障礙的人是不可能鍛鍊自己能力的。「不經過風雨的人生，死時，人生只活了一半。」

當然，我絕非在宣揚貧窮所帶來的好處，或將其視為一種人生的追求。貧窮本身是沒有任何存在價值的，除非我們能夠以此作為自己人生不斷前進的一個起步點，這就像體育場的體育器材能夠鍛鍊人一樣。貧窮本身就是一種詛咒、一種奴役，為此我們最好要遠離它。如果貧窮不可避免，我們

何不坦然面對它，然後憑藉自己誠實與科學的方法，必然能夠擺脫，最終讓自己出人頭地。

格羅弗‧克里夫蘭（Stephen Grover Cleveland）曾是一個年薪只有 50 美元的貧窮的職員。他說：「貧窮確實沒有任何心理特徵的發展，沒有任何成為真正男人所要求的那種刺激的力量。但是，再也沒有比一個適合的目標與渴望擺脫貧窮的心相結合更為強烈的企圖心了。」

若不是生計所迫，一般的年輕人會去做什麼呢？若他們不需要必須為獲得東西而努力，他們會變成怎樣？若是他們早已獲得自己心中所想的，那為什麼要繼續去努力呢？若是這樣的話，沒人會願意與貧窮對抗，與生計搏鬥，只為了砥礪自己的性格，或讓自己的心靈變得更為強壯。相反，他們會抱著更為自私的原因去做——滿足自己的願望，為自己或所愛之人爭取更多的東西。

一個身無分文的年輕人只能依靠自己的雙手去賺得自己生活所需的東西，不得不每天都要早起貪黑。他深知除了努力之外，自己沒有任何途徑了。他知道這是一個事關自己是一輩子默默無名還是勇於追求自己想要的生活的一場戰鬥。

因此，聰明的大自然總是讓人類迫於生計，才讓他們獲得人生最大的獎賞，讓他們推動著人類文明的進步與道德標準的提升。那麼大自然讓人付出什麼代價呢？她會讓我們接

受最為嚴格的人生自律課程，在社會中不斷地累積經驗。而一路上我們所獲得的金錢或財產只不過是偶然的。相較而言，她並不關心金錢，但是她需要任何人都為自己的收穫付出應有的代價。

▍第十一章　工作的精神狀態

對一個人品格的測試，關鍵要看他工作時所處的狀態如何。若是他很不情願地工作，就像一個在鞭子下被迫工作的奴隸，或深深感受到其中的不情願；若他的熱情無法讓他脫穎而出，不能讓他擺脫無聊、感受其中的樂趣。那麼，他將絕不可能在這個世界上獲得應有的地位。

你看到一個人的工作，就看到了這個人的本質。因為一個人的所作所為，就是他自己的一部分。一個人工作時候所持的態度，與他工作的品質與效率息息相關，對他的性格也是大有幫助的。正是他在這個世上的舉止決定了他的地位，我們人生的工作，就是我們自身理想、目標與真實自我的一種表現。

也不會有人對他所具有的成就持肯定的看法。若是無法做最好的自己，就不應該獲得最高的讚美。許許多多的人並不尊重自己的工作，當一個人認為自己的工作無趣或可有可無的時候，他們只是將工作視為獲得衣食住行的一個不得不為之的行為而已，或者說是一種無法逃避的負擔而已，而不是鍛鍊自己能力的舞臺，讓自己在人生的學校中不斷成熟。

他們看不到能將自己最好的一面發掘出來所具有的那種

能量，他們看不到透過自己的不斷努力去實現自己的那種潛能，如果這些他們都看到了，那他們就可以戰勝自己，戰勝不斷幸福的敵人，然後不斷地前進。

他們看不到不經誠實勞動而獲得的金錢實際是一種詛咒，這種不正確的態度會將人生中不斷振奮的動機消除，他們無法看到戰勝自己所需的刺激、能力、高尚與為人的氣概。工作對他們來說純粹是一種負擔，是一種難以擦拭的罪惡。

若是我們在工作中時常抱怨或道歉的話，我們很難取得真正的成功。因為這是一種示弱的表現。

任何值得去做的事情都必然符合人們的利益，無論在什麼情況下，都不要讓自己將工作視為一種負擔，沒有比這更損害我們的為人精神了。無論環境多麼讓人感到不滿，都要強迫自己從中找到一些有趣與富有教益的東西，倘若你的工作讓你覺得毫無生趣，充滿了厭倦的情緒，只會感到陣陣的噁心，這樣一種氣氛必然招致失敗的結果，如果我們想要為自己帶來成功與幸福的磁石，就必須有某種樂觀、積極與熱情的力量。

無論你的工作是多麼卑微，你都要以一種藝術家盡善盡美的精神去做，從一種大師的精神去做。倘若你能以一種盡善盡美的精神去完成你的工作，而不是草草了事；如果你能拿出火一般的熱情，一種全身心投入的專注；如果你決心發

揮自己最佳的潛能，那麼你的工作將不再是一種負累。我們所做的事情都是具有尊嚴的，一種無法言喻的優越感，只要我們能夠認真與全面地做好手中的工作，為了人類的利益，沒有什麼工作是低賤的或不值一談的。

你一輩子的工作就是你的人生雕像。雕像的美與醜、可愛與否、激勵人心或是讓人羞恥，都取決於我們手中持有的雕刻刀。你所做的每件事，你所寫的每封信，你所銷售的每件商品，你的每個思想或言行，都是美化或醜化這尊雕像的一次捶打，總之，養成堅持將自己能做的事情做到最好，會讓你遠離平庸與失敗，獲得成功的人生。

那些未能學會如何讓自己擺脫工作的負累，全身心地投入進去的人，其實就是沒有意識到人生成功與幸福的第一原則：我們還沒有學會不斷自我成長、心智與靈魂不斷拓展這門重要的藝術。我們所遇到的問題就是，我們只是渾渾噩噩地存在著，沒有內心的熱情，缺乏人生的目標。

當我們不能誠實工作，無法做到最好的自己，那麼我們就不能過分看高自己。當我們進入社會時，就應該清醒地意識到，自己將要成為一個勇於面對各種挑戰的人。

工作中應該展示自己最好的一面，當你做一些低級與讓人鄙視的行為時，你就是在不斷地自降身價，損害著自己的工作，最終你是無法承受這一後果的。

第十一章　工作的精神狀態

第十二章　你會說話嗎

哈佛大學前校長艾略特（Charles William Eliot）說：「我認為有一種對紳士或女士教育必不可少的，那就是如何準確地使用自己的母語。」

這是一種了不起的成就，會讓你勝過許多人。不僅如此，還能讓陌生人對你產生好感，讓你能夠不斷獲得更多的朋友，而你與原來的朋友之間的友誼也會得到保持，這不能不說是一件很好的事情。

良好的談話就能讓我們敞開心扉，緩和彼此的緊張感，讓我們成為各種場合都受歡迎的人，更好地融入到這個社會裡。這種良好的溝通能力讓我們的顧客源源不斷，更好地適應這個社會，儘管我們一開始很貧窮。

優秀的談吐在社交上總是很吃香的。比如，任何人都想邀請某位小姐參加晚餐或招待會。因為她是一位如此優秀的談話者。多數人在說話的時候總是顯得支支吾吾。這是因為他們還沒有鍛鍊語言的藝術。當然也可能是他們不願意去努力學習怎麼更好地交談。他們所想所思的也並不多，可能是他們沒有太在意。許多人都是用很不合適的英文進行自我介紹的，因為他們覺得這樣自己最為舒服。但是他們沒有考慮

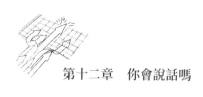
過別人對此的感想。如果他們能用一種優雅、自然、具有說服力的方式來表達自己，情況肯定會更好。

　　很多年輕人總是羨慕那些說話清晰、簡明的人，羨慕他們不需要像自己那樣總是在說一些無關緊要的事情來消磨時間。這樣的年輕人大多數都是說話沒有絲毫的幽默感，他們進行的是不斷摧毀自己理想的愚蠢對話。究其原因，是因為他們養成了膚淺與毫無意義的思想習慣。

　　在大街上、公車上或其他公共場合，粗魯的話語我們都是時常能聽到的，還有那庸俗的俚語表達方式。比如：「你再吹牛皮，小心吹爆了」、「有種抓我啊」、「你竟會唬爛人家」、「你別再惹我了，否則，我要生氣了」、「我討厭那個傢伙，我看他不爽」，類似的許多庸俗的話語，已經司空見慣了。

　　透過一個人的談吐馬上會顯現出他的文化修養，以及為人的風度。因為，你說什麼，說話的方式，這些都在顯露你內心的祕密，世界將據此對你做出衡量。可以毫不誇張地說，有時候甚至會展現出你一個人一輩子的未來走向。

　　展現良好的外表，給人留下良好的第一印象，這是極為重要的。而一個富於魅力的談話者則能做到這一點。於是不知多少人將自己的不斷成長、地位以及自身的能力歸功於談話的技能。許多人之所以能當上州長、議員或其他高位，良好的談話技能是必不可少的。於是不知多少人將自己社交活

動的成功與受歡迎歸功於良好的談話能力。此外有許多人都是憑著一張嘴讓自己獲得了一個良好的位置與一份優渥的薪水。想想若是沒有這種能力，這是絕對不可能的。

要成為一名出色的談話者，就必須要表現得自然、充滿活力、大方與具有同情心，必須要展示一種善意。換句話說，只有透過友善的交流，才能拉近彼此的距離。若你表現得冷淡、遙不可及或毫無同情心可言，是不可能獲得別人的注意力的。這還不夠，我們還必須了解讓別人感興趣的事物的本質所在，必須獲得別人的注意力，並透過一些有趣的事情來保持他們的這種關注度。

在任何話題上，若是我們都能做到以聰明與有趣的方式與別人交談，那將大大鍛鍊我們的心智與品格。在不斷強迫自己以一種清晰、簡短與明快的語言與有趣的方式來表達自己的思想的過程中，需要極大的自律。如果我們能早一些擁有這樣的能力，對我們將來進入社會後的發展就會產生不可或缺的促進作用。比如，我認識一些具有極強談話才能的人，他們顯然在上學階段就已經擁有了很多優勢。我絕對相信與掌握這門技能的人交談是一種美妙的享受。

如果你想要盡量提高自己的談話能力，就要與那些有良好教養與文化的人走在一起。如果你孤芳自賞，即使你是一位大學畢業生，你仍將是一位差得可憐的談話者。

　　我們都很同情那些羞怯或靦腆的人，當他們想努力說出自己的想法，卻找不到適合的詞語，不得不忍受壓抑內心的那種情感與思想的桎梏。

　　當你發現自己想說的思想在將要表達之際，卻不知道要如何表達，在下一次你必須讓自己更容易地說出心中所想，若是我們能夠堅持這樣的鍛鍊，效果是極為顯著的。許多人都有很好的想法與獨到的見解，卻因為詞語匱乏而無法表達出來。他們沒有足夠的詞語來包裝這些思想，這無法讓他們顯得更具吸引力。他們就像在繞著圈子說話，總是在不斷地重複、重複著，因為當他們想找一個特殊的詞語來表達某種特定的思想時，他們卻很難找到。

　　要想改變這一窘境，最好的辦法是透過充足的閱讀量來實現。因為這不僅開拓人的視野，讓人產生新的想法，而且還能在不知不覺中增加詞彙量。總之擁有充足的詞彙量是成為一位優秀談話者的必備條件。

▌第十三章　薪水不在你的薪資袋裡

關於這個主題，若我能對所有在人生道路上起步的年輕人說上幾句，我會說：「不要過於在乎雇主剛開始給你的薪水，而是要想想你能給自己怎樣的薪水，如何增強自己的能力，拓展自己的視野，不斷深化自己，讓自己高尚起來。」

圓滿完成雇主所要求的工作，是樹立我們人格與氣概的基礎材料，是鍛鍊我們實際能力的學校。若是一個人只是單純地為薪水而工作，缺乏更高的動機的驅使，那麼，他就是一個不夠誠實的人。在多年之後，他的勞動卻始終無法帶來相應的回報。

工作之時，你所投入的程度將決定你人生的品質。為此，我們要養成一種做到最好的習慣，絕不接受讓自己去完成一些低級或不及格的東西。如果你能做到這一點，將對你的成功產生不小的作用。

工作之時，我們可以獲得忠誠的信仰，奉獻出自己偉大的精神。在你的行為中，將會展現出更高的目標，而獲得結果是如此有益。這種有益在於，雇主給予你的物質回報顯得很渺小。這樣的做法是多麼的目光短淺與狹隘啊！簡直就是對自己應有的利益熟視無睹。

不要擔心自己的雇主會不知道你的存在價值，盡量讓自己不斷前進吧！若他正在找尋一些高效的員工，在這裡可反問一句，有哪些雇主不是這樣的呢？那麼，你的這種做法也是符合他的利益的。其實，這就是雙贏的局面。

原因何在呢？其實很簡單。因為他的雇主每週只是付給他幾美元，但他們卻以熱情、決心與高度的責任感去完成手頭的工作，並對工作方法有更深入的洞察力，為雇主提供了更為高級的品質保證。

許多年輕人只是因為自己未能獲得應有的薪水，就故意將一些本應更為重要與高層次的責任給拋棄了，這樣他們是在自我限制，讓自己變得更加狹隘，效率更加低效，心靈逐漸生鏽。不知不覺中，他們的心胸再也容不下寬廣的東西，在其性情中失去了高尚與進取的特質。

而一心想著要與雇主「討公道」，或因為沒有獲得滿意的薪酬而提供劣質的服務，這無疑是扼殺自身的前景。他們三心二意地過著人生，而始終無法保持一顆健全的心智，讓自己變得渺小、狹隘與軟弱起來，而非強大、健壯與圓滿。

實際上，當你獲得了去一家大型企業工作，與那些踏實做事的人接近的機會，透過眼見耳聞，擴充了自己的知識面。無論以後到哪裡，這些知識與經驗都是無價的。

下定決心，將自己全面的能力 ── 創造力、獨創力運用起來，去發明一些新穎與更為出色的做事方式，你將不斷前進，做到與時俱進。你將以一種熱情四射的精神狀態去工作，你將會驚訝地發現，自己很快就會得到上司的賞識。

第十三章　薪水不在你的薪資袋裡

▌第十四章　善待自己

　　你口袋所拿到的薪水是相當渺小的，也許這只是刺激你去工作極為低等的動機而已。這就需要我們要有一種正確的認知，做到最好的自己，認認真真地做好眼前的每件事。

　　有些人小心翼翼地保存著家裡的鋼琴，他們從不讓那些煩憂自己的人類雜音來侵擾自己心靈。人生的一個重要目標，就是讓自己的能力處於最高的標準之中，保存自身的能量，保持健康。我們到處可看到一些年輕的男女事業之途難以前進，他們在庸碌的日子中掙扎著。其實，他們是有做大事的能力的，但現實的情況是，他們只能在小事上唯唯諾諾。因為他們沒有足夠旺盛的精力讓自身去克服前進道路上的障礙。

　　為了讓自己的能力或潛能得到最大限度地發揮，我們必須在心理層面上善待自己，必須讓自己處於積極的心理狀態。一個人對自己的看法會顯於內、形於外。有句話說得好，「一個人心裡想什麼，他就會怎樣。」若你讓自己最大限度地發揮，不要想像自己成為另一個不同的自己，而是要做真正的自己，你就做到了在心理層面上善待自己，讓自己處在了積極的心理狀態上了。

　　在每個行業中，我們都可以找到一些員工在工作之時憊憊欲睡，他們生命的活力似乎被吸走了一半，他們的身體充斥著死亡與被毒害的細胞，讓能量以毫無用處的方式消耗；無法抓住寶貴的機會去發揮自身專長，或是感覺自己只能雙手顫抖地抓住機會；讓別人感到懷疑；缺乏自信與活力感。這些都很少人對待自己的身體能像他們在面對一架有價值的機器或財產一樣付出小心與照護，因為他們能從機器與財產中獲得巨大的回報，要是他們能以同樣的態度去對待自己的身體，那該有多好啊！就以消化器官為例，食物的消化為整個人體提供了能量，據此，我們可以發現，大多數人並沒有正確地做好這一點，許多身體的能量因吸收了不當的食物而導致無法正常地消化吸收，導致人體真正需要的營養得不到補充。更為嚴重的是，很多人走上了另一個極端，他們的食物營養搭配不合理，那麼，身體的一些組織始終處於一種慢性的半飢餓狀態就不足為奇了，不僅如此，許多人由於沒有足夠的休息與娛樂，讓身體的活力不斷消減，因為他們覺得自己無法從工作或家庭的煩惱中擺脫出來。

　　你的能量在真正利用之前，就已經被消耗了。那麼，天資聰穎的大腦甚至是天才又有何用呢？

　　倘若一個作者寫的書內容毫無中心的話，也就無法吸引讀者了，因為作者在寫作時，根本沒有用額外的精力去實踐

書中所寫。這樣的書之所以難以打動人，是因為作者在寫作之時，自己都無法打動自己的心，缺乏創作本身所應有的熱情、力量與肢體的活力，他的心靈是脆弱的，因為身體就是這樣的。將這種情況放在教師身上也是一樣，當然，這裡所指的是那些無法喚醒或激勵學生的教師。因為他們自身都缺乏對生活的熱情；他們的大腦與神經系統處於一潭死水的狀態，能量被消耗殆盡，燃燒與匱乏了，因為他們未能善待自己。

一個想要將自己的能力施展到最大化的年輕人，一定要善待自己。任何給人心靈帶來安逸與舒適的東西一定能讓自己感覺到和諧，這無疑可以給我們增添能量，增強我們的自尊，讓不和諧的東西遠離，為了達到這樣的效果，我們應該不顧一切地去維護這些。除此之外，還應有一個溫馨、舒適與幸福的家庭。

那些將寶貴的精力浪費的人是那種最邪惡的揮霍主義者。他們的這種做法要比對金錢的揮霍更為嚴重。一句話，不善待自己，與不善待別人一樣，都是極大的罪惡。

生命在於效率。若你想在世上出人頭地，那麼，時間就是寶貴的，你的能量就是寶貴的，這些都是你成功的資本，你不能毫無所謂地將這些扔掉或在無聊中打發掉。

無論你做什麼都要積聚精力，保存身體的活力。就像一個落水之人緊緊抓住海水中漂浮的木筏一樣，以堅定的決心

來保存自己的體力，讓身體每一點體力都保存起來。因為這些都是成功的資本，也是成就成功特質的材料。擁有了這些，那些即使沒有錢的人都比那些擁有金錢但卻浪費精力的人，以及將寶貴人生能量消耗掉的人都更加富有。相比於此，金塊也只不過是爛銅而已，寶石也不過只是垃圾，房屋與土地都算不了什麼。

第十五章　以最佳的狀態去工作

　　成功並不取決於你在銀行的存款，而在於你自身所擁有的資本，在於自己為人處世的能力以及工作之時所發揮的潛能。倘若你是一個頭腦冷靜、做事認真的人，覺得必須做最好的自己，你就會為此付出全身心的能量。這些寶貴的人生資本是極為重要的，只有用於一些有價值的事物上才有價值。

　　我們應該將任何形式的消沉、任何能量的損耗，視為一種不可原諒的浪費，這幾乎可類比罪惡。

　　我們要終止任何能量的消耗，防止所有成功的資本無謂的浪費。

　　我們要讓身體的每個功能或每分能量都發揮到最佳狀態。這樣，清晨起來我們就能以一個全新的自己去迎接工作的挑戰，讓身體充滿活力，身心正常地去迎接挑戰。

　　倘若你每天在工作中無法烙下自己強大與堅強的個性，或者若你只能將自己的部分潛能用於工作之中，那麼，你只是挖掘了自己的一小部分潛力。

　　人們所做的最愚蠢或最不理智的事情，就是在每天早上開始工作之時，身體處於一種無法全力以赴的狀態，以及只能完全處於被意志驅使的狀態。

讓自己處於一種適合工作的狀態,這樣就可以讓自己舒適、有自尊地工作,就不再需要掙扎、有壓力或患得患失了。要讓自己以一種統治感去迎接自己的工作,感覺自己的每一個腳步都充滿勝利感,你的每個毛孔都會散發出能量,你能在半個小時裡做許多事情。若你能感受健康在身體內的顫動,看到年輕人總是讓自己處於一種萎靡的狀態,身體的機能都未能得到充分的發揮,成功的潛能都被徹底地摧毀了,卻還妄想自己能獲得高位,這不禁讓人覺得悲哀。真正構築自己事業的材料就在自己身上,你的自我,就是你自己最大的價值所在,你未來成就的祕密,都潛藏在你的大腦神經、肌肉之中,繫於你的理想、決心與目標之中。所有的事情都取決於你的身體與心理狀態,許多人在晚上休閒的時間裡,要比白天工作的時間裡消耗的能量更多,當然,要是有人直接告訴他們,他們也許會氣憤不已,遺憾的是,他們不明白他們身體的消耗是精力耗盡的唯一途徑,不僅如此,許多在道德習慣上值得效仿的人,都存在著許多消耗精力的方式,他們沉溺於錯誤的思維方式中;他們感到憂慮與焦慮不安;他們害怕許多壓根就不存在的臆想;他們將工作帶回家中;他們在工作之餘仍費盡心思去思慮這些問題。

若你無法明智地將身心成功的資本最佳地應用,在成功之前就要勇敢地堅持,那這些資本存在又有什麼意義呢?

一個致命的弱點足以摧毀一個人的事業，它會像一個鬼魅一樣縈繞著人一輩子的工作，讓我們不斷糾纏於過往那不堪的過錯。每次粗心大意或錯誤的自大只會讓成功的資本不斷消耗。

　　大自然就像母親一樣，並非總是多愁善感或仁慈的。若你違背了其規律，你就必須接受懲罰，你不能以軟弱或不足作為失敗的藉口。她要求我們時刻要處於自己最佳的狀態之中，讓你總是做最好的自己，不會接受任何藉口與道歉。

第十五章　以最佳的狀態去工作

第十六章　自立方能取勝

　　一般人最糟糕的一個缺點就是，如果他們未能在某些領域內擁有極強的天賦的話，就會很自然地認為就算盡力而為也是沒有意義的。

　　但是許多沒有具備很強天賦的人，他們最終都證明自己是領導人。他們一開始可能都沒有展現出很強的自立能力，直到他們讓自己的能力接受了考驗，他們知道如果不去做，就永遠也無法抵達自己能力的界限，事實證明，最終他們都成功了。

　　自立是我們的朋友、影響力、資金以及幫助的最好替代品。它能讓人更容易地戰勝障礙，變得更加進取，讓人的創造變得更加完美，這比很多人類特質都更可貴。

　　每個正常人都能自立或獨立起來，但相對而言很少人能擁有這種獨立承受的能力，大部分人都想著去依靠別人，跟在別人後頭，讓別人去花心思計劃工作，而不是親力親為。他們認為這顯然更為容易一點。

　　讓我們不斷前進的動力受阻，對自我能力發展構成致命打擊的想法，這些都要毫不猶豫地拋棄。因為別人已經為我們提供了前車之鑑。

第十六章　自立方能取勝

　　一些父母不想讓自己的孩子在進入社會後，和自己當年一樣經歷艱苦的奮鬥。其實這種想法會不自覺地帶給他們災難。因為他們如果順風順水，如果免除了他們所要面對的挫折，也就失去了他們需要的所有動力。畢竟他們天生就是依靠者、模仿者與複製者。因此，他們更容易進入迷途與模仿之中。換句話說，他們始終會複製你的行為，只要你讓他們依靠多長時間，他們就會多長時間這樣繼續依靠著你。

　　正是那些讓自己內心清除了所有雜念之人，將所有依賴心理剔除的人，深信只有依靠自己才能取得成功。因為，自立就是打開通往成就大門的金鑰匙，自立才可以讓能量不斷地得到釋放。

　　我們都知道，在風平浪靜之時指引一艘船穿越大海，並不需要多大能耐以及長時間在船上所累積的經驗。只有當大腦被考驗到了極致，當任何的天才與能力都必須去拯救可能的失敗時，我們才會發展自己最偉大的力量。為此，我們需要長年累月的經驗與金錢，才能在大買賣中免於失敗的災難。

　　正是當資金拮据、生意慘淡、生活成本居高不下之時，真正自立的人才能取得真正的進步。記住：哪兒沒有挫折，就沒有進步，也就沒有品格的鍛鍊。

　　有很多年紀比你大的人，他們只有一條腿或一隻手臂，他們都能自己養活自己，而你的身體健全、機能正常，為什

麼要期待別人的幫助呢？當你不再從別人身上獲得幫助，讓自己獨立起來時，你就走上了一條通往成功的道路。當你隻身一人去闖蕩之時，你將發掘隱藏在自己身上的潛力。

有時，缺乏外界的幫助可能是一種祝福。那些給你金錢的人並非你最好的朋友。你真正的朋友是那些催促你、讓你自立起來、使你不斷前進的人。

任何一個有能力的人都認為，那些自立之人才是真正的人。當某人擁有了高尚的職業或其它讓他獨立起來的職業之時，他才能真正感受到一種額外的力量，這種力量會讓他更加完整與充實，這是任何東西都無法給予的，也是無法言喻的。

世上許多人之所以碌碌無為，是因為他們害怕做自己的事情或不敢有自己的想法。他們不敢去想自己所想，他們時不時要將自己的思想棱角剪掉，以避免讓別人生氣，他們總是在觀望，先看看別人站在什麼立場上，無論自己是否同意別人所想，就算他們有自己的想法，也不過是根據別人的想法進行一點小小的修改而已。

對於那些不敢勇於展示自己的人，不敢表達自己的想法的人，直到他們知道有善意的人對他們提出善意的忠告時，他們才可能會去改變自己。當然，如果他自己醒悟了，也可以做到這一點。不過人性中有某些喜愛天然的天性，喜歡那

些擁有自己的想法並且勇於承認的人。這樣的人或許更可愛與純正，因為他們勇於擁有自己的信條，並且努力地據以生活；他們擁有自信，並且勇於堅持。

第十七章　我們心中的欲望

我們心中的欲望、心靈的渴求，都是我們的想像或慵懶夢想的一些外在的表現而已。心靈的渴望激勵著我們的創造力。它不斷增強我們的能力，增強力量就意味著讓我們夢想成真。然而許多人讓他們的欲望與理想逐漸消逝。因為他們並沒有意識到理想的強度與韌度將增強他們實現夢想的力量。

大自然是一間商店。如果我們願意付出一定的價錢，就能買到一些商品，我們的思想就像根，能向擁有無形能量的廣袤宇宙中的每個方向延伸。鳥兒在冬天若沒有一個想到南方去的強烈願望，就不會有那麼強烈要向南飛的動力了，造物主給予我們心靈所渴望的，只是為了更為寬闊和完整的生活，因為這是造物主表達自身無限可能性的東西，而不是對永恆的渴盼，然而卻沒有一個現實去與之匹配，這跟世界處於矛盾之中是一個道理。

在我們合理的欲望中，存在著某種神力。這裡所指的擁有神賜般力量的欲望是說，靈魂為了實現這些合理欲望，使我們總是不斷地透過思想、情感與理想的高度增強或減弱自身奮鬥的效果。若你知道一個人的理想，就能看到一個人的性情，因為欲望總是控制著我們的人生，當我們發展了這種

思想的能量、情感、理想或野心，且讓我們獲得了最強大的根系，這就足以說明，我們應該能讓自身的能量指向更為高級與高貴的境地，讓我們的思想中充滿了更上層樓的想法。那我們還猶豫什麼呢？還不趕快下定決心，無論我們做什麼都應該要有卓越的表現。而且在我們的行動之中將不會有任何懈怠。

總而言之，這種向上的心靈、這種向更為高遠與宏大事情拓展的心理，擁有一種更能使人振奮與轉變的影響，將我們的人生推向更加高級的境界，不僅如此，你還可以看到一顆飽經訓練的心靈總能處於一種全盛的姿態，克服不和諧與不友善的東西，並摧毀心靈平和、安逸、效率和成功的敵人。

我們的理想是品格最大的塑造者，有一種巨大的改變人生的作用。我們的心靈的習慣性的欲望很快就會在眼前展現出來，在生活中呈現出來。

只要不斷努力地去表達自己，我們就能取得成功，儘管這看起來可能是這樣的。然而那些在我們生活中實現的理想，無論你是有健康的狀態或高尚的品格、成功的事業，倘若我們能將其視覺化，並努力去達成，這要比我們不這樣做更能取得成功。簡而言之，切合實際的理想將比那些不切實際的理想更容易實現。

只有當欲望凝結成為決心之後，才會變得更為有力，正是欲望與堅定的決心，才讓我們能夠擁有這種創造性的能力，正是這種渴盼、希望與奮鬥，才讓我們收獲美好的結果，但一個欲望或一種希冀，要是沒有實際行動的支撐，終將難以實現。

　　無論生活中發生了什麼，首先都要在我們的心靈中有所印象。比如，建築物在磚石建造之前，就已在設計師的腦海中形成了完整的細節，所以我們在做任何事情之前，或取得成就之前，在心中都早已有了畫面。說得再通俗一點，就是心中要構建自己所冀望的設計圖。

　　我們看到的畫面，就是人生未來的結構，若我們不努力去建造，讓其成為真實，這些畫面將始終是一個計畫。正如倘若建築師的計畫無法被建築工人實施，這一切都只是海市蜃樓。

　　若你想要不斷提升自己，就要盡可能生動地描繪出一些理想的畫面，並且在理想之中擁有一個極為卓越的理想。然後在心靈上始終堅持這一點，直到你在生活中感受到其中的成長與成就，如不這樣，漸漸地，那些軟弱、不長進的人會走歪，並且走上錯誤的道路，並被有理想之人所取代，如果這樣的人覺悟了，那麼他將會有優秀的自我。

　　在心靈的持續專注中具有某種巨大的創造性能力，這些都是根源於欲望以及理想的。那麼，讓我們發展起一種神奇

的吸引能力，去創造出屬於我們心中所想的東西吧。我們的心理態度，心中的欲望，這些自然會回答我們永恆祈禱的方式 —— 她認為，我們應希冀心中所想為理所當然的。於是我們便會認清前進的方向，她會幫助我們到達。

第十八章　期望的哲學

養成期望是有著巨大能量的意念，相信我們能夠實現自身理想，我們的理想就能實現。

沒有比懷抱著樂觀、期許的態度更正面的態度了，這種總是期待並希望最美好、高級與樂觀的態度會讓人更加歡喜。

不知多少人將世上許多美好的事物，諸如舒適、奢華、美麗的房子，漂亮的衣服，旅行的機會、休閒，都理所當然地視為別人的東西，而不是自己的。他們的內心深深認為，這些東西並不屬於自己，而是專門為某個階層所有的。

但為什麼別人會處於另一個階層呢？原因很簡單，他們認為自己處於一個階層，認為自己是低級的，倘若你到哪裡都帶著一種道歉式的語氣，好像你總是樂於為別人撿起他們丟棄的東西，而不是期望自己能獲得多少，好像你並不相信偉大的事情會發生在自己身上，不相信世上美好的事物都是為你準備的。那麼你這一輩子就注定是一個平凡的人。

要想獲得財富，但總是認為自己應該貧窮，總是懷疑自己去獲得自己所應該期望的努力不會有什麼結果，這就像南轅北轍一樣。當一個人懷疑自己取得成功的能力時，他是將無法成功，這種自我懷疑的態度必會招致失敗。反之，那些

成功之人必然是期望成功的，他們必定會思想上進，富於創造力、建設性與發明性，最為重要的是，他們知道這些東西極為重要，且不可能放棄。

做某一件事情卻期望著其他事情，這是致命的，一心怎能二用？無論一個人如何期望成就，一個可悲與貧窮的心理態度將關閉所有思想的管道，這就是許多人的大部分努力都付諸東流的原因所在。因為他們的心理態度並不與他們的努力成正比。當他們在做著一件事情的時候，心中真正期望著其他事情。他們讓自己遠離自身所追求的事物；他們心中抱著錯誤的心理態度；他們並不想懷著期望或贏得勝利的信心去面對工作。只有摒棄這樣的心態，他們才能擁有戰無不勝的決心與信心。

「無論心靈期望什麼，都能獲得實現。」任何事情都無法比一種讓自己活力降低的心理狀態，總是惶惶不安、無所適從，更讓我們的病情加重的了。這種對某事持久的期望都會讓我們為之受害，最終讓我們深受其苦。這種心態吸乾了我們的生命活力之源，讓「受害者」迅速失敗。反之，如果我們能健康地、充滿希望地期待，並擁有簡明清晰的信念，那麼，我們的疾病極可能得到治癒。我想，很多人都明白這樣的道理：一個病人的性情、寬慰的心態以及對醫生無可爭辯的信念，這要比醫生的藥效更為重要。

由此可見，期望未來充滿美好事物的習慣，你將變得更加健康、興旺與幸福。在你的人生社區中將有更多的分量。記住：在人生的起步階段擁有這些良好健康的習慣，這要比金錢更具價值，不僅如此，養成期望對自己美好事情的習慣，將我們自身最美好的東西都呼喚出來，這能夠喚醒我們更為強大與更為高效的能力。

　　許多我認識的成功人士都有期望美好事情的一面的習慣，無論事情的外觀多麼黯淡或讓人沮喪，他們都能一直勇敢地堅持到最後。這種持續期望的態度，以某種我們未知的神祕方式吸引著我們去做事情，正如如果我們努力抓住機會的話，就必然能夠有所成就一樣。

　　我們自身具備的功能都是在有序的狀態下工作的，這些功能會幫助人們成為期望的樣子，若我們有冀望或有巨大的欲望，並且堅持讓它們幫助我們取得成功，它們將會循規蹈矩，並且對我們有巨大的幫助。

　　全身心地去相信，你將能夠做自己想做的，絕不要對自己有什麼懷疑，如果你有所懷疑，那麼趕緊將這種懷疑的思想從腦海中趕走吧！讓一些友善的思想或積極的理想來填充，讓你為之努力。

　　讓自己生活在心靈不斷期望美好事情的狀態之中，讓自己深信，一些美好、宏大的事情都在等著自己吧！如果你有

確實而正確的努力，若你的心態能夠保持創造性，你將能努力實現自己的目標。

　　沒有比養成一種富有希望的人生態度，或期望事情能夠向好的一面發展，而不是壞的一面發展更能提升自我的習慣了。只要能做到，我們就能夠成功，而不會失敗，無論發生什麼事情，我們都能幸福。

第十九章　時刻提升自己

若讓水處於平靜的狀態，水很快就會停滯下來。哪怕是最能幹的商人，倘若他不時刻處於一種警覺狀態之中，時刻找尋著更好的方式或是最新的改進方式。那麼他最終會倒退的。

而任何進取之人的一個顯著特徵，就是他們總是在提升自己，他們知道逆水行舟，不進則退他們害怕自己不斷倒退。

任何人都無法承受在事業或工作上持續退步。所以我們必須不斷地突破自己。當你沾沾自喜的時候，就注定無法繼續前進了，同時這個時刻也是你事業開始下降的轉捩點。

每天早上起來，下定決心要比前一天更加努力。晚上，當我們在離開辦公室、工廠或其他地方的時候，要堅信：自己比前一天晚上擁有更好的狀態，讓自己的能力一點點地增加。如果你能堅持下去，那麼在一年之內，你將驚訝地發現自己給企業所帶來的巨大改變。

保持時刻提升自身的習慣，將它們提升到更加高級的層次，或讓所有事情都變得更好一點。總之，這種習慣是具有傳染性的。對企業雇主而言，你的員工將會感受到這種精神或試著去改變一天的工作。

　　若你能夠激勵別人去自願地做到最好，你的工作將得到極大的提升，而一個始終能夠激勵別人的人，一定比那些總是憂鬱或沮喪之人更有活力，因為後者透過批評或苛刻的評判來摧毀人們的理想。

　　上進之人總是能與競爭對手共同進步。對此，一個在芝加哥成功的零售商說，一個星期的假期去參觀國際雜貨商店，完全改變了他對待商業的看法。每天他都要到東部參觀一次，學習該行業最先進的經營管理方法。他認為，為了讓自己不在競爭中落後，他需要更寬廣與客觀的觀點來經營他的工作。現在，讓我們來對他進行分析。比如，一些小的缺陷他之前可能沒有意識到。商品的擺設顯得沒有魅力，店員粗心或粗魯，這些可能看起來很瑣碎。若他們想獲得別人的注意，就要勇敢地面對陌生顧客或隨便看看之人。這一點很重要。當他獲得了全新的視野之後，「瑣事」（以前被忽略了的一些不重要的細節）就會變得極為重要。然後，他就開始了對商店的全面整頓，諸如將所有擺設的商品重新整理，讓一些無能與冷漠的員工離開，並且以全新的氛圍開展工作。這種全新的方式對於顧客有著重要的影響。

　　一個從不離開自己商店的人，是無法從別人那裡獲得靈感的，也無法知道自己商店或職員所存在的問題。正如人類系統中的血液總是不斷地新陳代謝，讓身體處於更為強壯與

精力旺盛一樣，很少人意識到拓展視野在工作之中的重要性，或從外人看問題的觀點中受益。而那些總是待在一個環境中的人必然會陷入以往的車轍，他們總是習慣於原先古老的環境，直到他們到不同環境中才會意識到自己必須做出改變，一成不變將帶給他們不可估量的損失。當他們這樣做，成功之後，就會意識到觸類旁通所帶來的巨大力量。例如，一個從事飯店的人，將會意識到事情需要改進。當他走進競爭對手的飯店待上一個小時之後，這要比那些從不參觀其他飯店的業主在一年之中看到的東西多。

許多人所遇到的巨大麻煩，就是他們認為必須提升自身的工作，以某種神祕的方式不斷地向前，但他們不知道，要不斷地提升自己。將這個視為座右銘吧！最好每天早上在你的辦公室裡都能看到：我認識一個早年就應用此條座右銘的人，這條座右銘始終成為他一生中不斷前進的動力。你能看到這種心理影響在他所做的任何事情上的影響，這是他做任何事情的一個標準，這也是他的優越之處。

第十九章　時刻提升自己

第二十章　貧窮是一種疾病

這個世界上許多貧窮都是一種疾病，都是數個世紀以來錯誤的生活方式或錯誤的思想與罪孽所致。

無數個例子都在證明一點，富有才是人類的遺產，如果人們能夠勇敢與堅持的話，就能獲得富足。

若世上所有的窮人都能遠離黑暗與讓人沮喪的環境，去面對陽光與歡笑，如果他們能夠下定決心，他們不再沉溺於貧窮與尷尬的存在下，這種勇敢將在短時間內改變人類的文明。

許多人都認為，他們能做到最好來擺脫貧窮，但是他們並沒有盡自己的一半努力去做。

接受安逸除了自我消沉之外，更能摧毀別人的事業，而懶惰與自我消沉則通常是沆瀣一氣的。

事實上，世上諸多貧窮的原因是，懶惰、無常與不願意努力去做，不願意去為自己而努力競爭。

一個性格堅強的人與某些性格特點是與預防貧窮不相匹配的，自立與男子氣概的獨立都是堅強性格的基石，我們時常發現，這種性格存在於許多努力擺脫貧窮的人身上，他們是厄運與災難的受害者，這些都不是他所能控制的。但是，

第二十章　貧窮是一種疾病

　　有些人因為自己失去了勇氣以及對自己失去信念而陷入貧窮，他們或是因為過於懶惰，或是因為不願去為提高自身競爭力而進步，總之他們為此付出了代價。我要告訴你們：缺乏這些特性，都是個人所為的，相比於那些擁有強大心理與道德的人，這樣的人是一個弱者。唯有持續努力去獲得競爭力，才能讓他們充分發揮自身所具備的無限潛能。

　　當你下定決心不再忍受貧窮時，你將會努力上進；你將從自身的衣著中擦去這些痕跡；從你個人的風度、你的言論、你的行為、你的家庭擺設，你將向這個世界展示你真正的能力，你將不再成為一個失敗者，你將讓自己面對更為美好的事情，讓自己更具競爭力。一句話，若有任何事情摧毀你的動力與熱情，我們將讓自身在不幸的環境中達成妥協，而不是將之視為不正常而遠離。因為這樣的我們無法保持一定的表面形象，或像富有的鄰居那樣擁有富裕的生活狀態。當一個人停止了努力，進而放下手中的槍舉起白旗時，除了重新讓他恢復自信，讓其大腦重新拾回之前被扔掉的信心，還有什麼更好的辦法呢？因為這會決定他未來的走向。但前提是，他必須學會自救，否則別人也無能為力。

　　沒有任何天命注定某人處於貧窮之中或是處於痛苦與惱怒之中。這個年輕人是沮喪的受害者，他並不認為自己能夠取得成功，他試了很多事情，並且統統都失敗了。他說自己

對自身的實力感到非常懷疑，他接受的教育是失敗的，當他接受一份工作之時，從不相信自己能夠取得成功，所以他從一份工作換到另一份，不像其他人。正是因為他的心理態度，正是因為他沒有以正確的方式去應對，所以才淪落到今天的地步。

貧窮本身並不如貧窮的思想那麼可怕，那種認為我們貧窮的想法，一直延續下去才是最可怕的。若你感覺自己處於低沉或貧窮的狀態中，你所面對的一切都是那些陰暗或沮喪的東西，不妨試著勇敢地面對，並且努力地去面對，或從另一個角度來看，朝向希望的陽光，讓所有的陰影都逐漸隱去。

將所有的貧窮的思想都斬掉，拋棄所有疑惑的思想，從你的心牆上撕下所有陰鬱、沮喪的圖畫，並掛上光明而充滿希望與樂觀的圖片吧！

下定決心，用盡自己的能力，世上有很多美好的事情都在等著我們去做，你能享受到屬於自身的份額的，不要去傷害別人或阻礙別人，你應該讓自己更具競爭力，讓自己獲得富足，這才是你與生俱來的權力。

我們了解到，在人生中只有不斷地堅持樂觀的思想，不斷地向前努力，才能遠離貧窮。

第二十章　貧窮是一種疾病

第二十一章　敏捷的勇氣

勇氣是解開許多困難的鑰匙。試問，又有什麼是勇氣無法解開的呢？

勇氣無數次讓我們償還農場的貸款；讓精打細算的婦女為家庭攢錢；讓我們度過難關 —— 讓數以千計的家庭在緊急與災難的時刻，在經濟困難中安然度過，也正是因為這樣，讓貧窮的男孩、女孩們能夠上大學，在這個世界上找到屬於自己的位置；讓身障人有能力去供養自己年老、患病的父母。總之，勇氣讓我們鏟平高山，架通橋梁，用電纜連通大洋，用鐵路來縮短距離；勇氣讓我們發現新大陸，並且贏得了歷史上最偉大的戰役。

任何東西都無法替代目標的堅韌，任何東西都無法取代勇氣的地位，教育不能，金錢的放縱不能，有影響的幫助不能，任何門第與運氣都不能。

目標的堅韌是所有成就大事之人性格的特徵，相比一些剛開始有金錢起步的人，更多成功的年輕人是以勇氣為資本，這要比那些缺乏勇氣、一生碌碌無為之人要可貴得多。

綜觀歷史上有成就的人的歷史，都闡釋了勇氣能夠戰勝極端貧窮的道理。去世的克雷格女士曾說：對一些人來說，

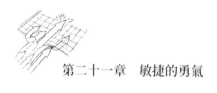

每次失敗都是致命的。但對於那些具有強大勇氣之人，對於那些堅持不懈之人，對於不知失敗為何物的人來說，他們的字典裡從來沒有所謂的失敗。不僅如此，那些一心想要取勝的人從來都不會想到最終失敗的結果，他們每次跌倒，都會以更強的勇氣爬起來，然後以比之前更強大的決心去做，直到最後取得勝利。

　　無畏，勇敢，這些品格自古以來就是偉人的特點。那些缺乏勇氣的人，總是害怕冒險，在困難面前畏畏縮縮，無法放棄安逸的生活，而選擇降低自己的欲望，這些人只能取得一丁點成就。

　　你是否見過一個永不言棄的人，無論發生什麼事情，都具有勇氣的，每次失敗之後，都能面帶笑容、滿懷更為強大的決心繼續前進，你是否見到一個人不知道失敗的含義，就像格蘭特將軍，永不知道失敗的感覺。在他的人生字典裡，永遠沒有「做不到」或「不可能」的字眼。若你能做到這一點，你就是一個真正的人、一個統治者、一個國王。

　　極少人能夠忍受苦難與匱乏或刺痛人心的貧窮。在自己的生活中，看看那些曾誘惑你向後退的時候吧！這就是一個危險的轉捩點，也是決定性的時刻，歷史上所有偉大的事情都是在大多數人都畏縮之後，仍舊向前的人所取得的。

　　幾乎任何讓人類免於負累的發明，並帶給人類安逸與更

好的東西，都是人憑藉極高的勇氣與堅韌才將其化為可能，在多數人都已經放棄之後，仍能繼續前進的人，那些不斷堅持的人，那些在別人稱他為傻瓜且在無法通行的時候仍舊前行的人，好好學習他們的這種大無畏的精神吧！

　　許多人的生活中充滿了太多半途而廢。他們剛開始充滿了熱情，但後來卻逐漸降溫，因為一開始熱情之人並沒有足夠的勇氣去有始有終。

　　在剛開始做事的時候，並不需要多大的能力，我們不能以他做了多少事去衡量，也不能以剛開始時的速度來評價，須以最終的結果來當作基準試想一下，若是當心中充滿活力時，在失敗沒有讓心靈覺得灰暗時，去做一件事情是多麼容易啊！

　　對我們性情的測試，正是在於我們對所做事情的堅持，堅持是人類美德中最罕見的，為此，我們必須要有足夠的勇氣，度過最後的難關，並完成最後一擊。

　　許多人都是隨波逐流的。比如，當大多數人都已經放棄的時候，當別人後退的時候，也有一些人感覺自己正在為原則苦苦地戰鬥。此時，是繼續堅持戰鬥，還是選擇放棄，這需要做另一番努力，這種努力是對自身心靈的堅持，對心理狀態的良好調整，簡言之，這是需要勇氣與心靈的振奮。

　　一個商人的朋友在談到讓人就職應有的一些良好品格時說：「此人有堅持能力嗎？他有堅持不懈的力量嗎？」

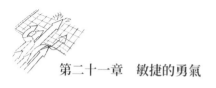

第二十一章　敏捷的勇氣

　　是的，這就是你人生自我拷問的問答。「你是否有堅持不懈的能力？」「你能堅持自己的主意嗎？」「在失敗之後，你能繼續堅持嗎？」「你是否有足夠的勇氣去堅持 —— 堅持己見，儘管遇到最讓人沮喪的障礙與挫折？」

▎第二十二章　勇不可當的目標

在水產生蒸汽之前，必須要加熱到 220 ℉（華氏度）之後才行，200 ℉（華氏度）不行，210 ℉（華氏度）也不行的，而水一定要在其能夠產生蒸汽的時候才能推動引擎，才能讓火車運動起來，而一些不溫不熱的水是難以驅動任何東西的。工作中不上不下的表現對一個人成就的影響，正如不溫不熱的水無法驅動火車的蒸汽機一樣。要是一個人的能量沒有達到沸騰的地步，人生這輛火車根本無法開動。

人生所具有的巨大能量必須有勇不可當的目標，這個目標讓我們不顧一切、勇往直前，這個目標是我們繼續前進的至高原則，它讓我們是如此振奮與緊迫，同時也讓我們對別人的認可充滿了渴盼。

一個擁有堅定目標的人是積極向上、富於建設性與創造性的。因為目標堅定能使任何一個想要獲得某樣成果的人都實現夢想。不過這也需要一個先決條件，就是只有那些正向、充滿活力、擁有偉大目標的人，才能真正取得偉大的成功。

你是否感到害怕呢？你是以一種不自信的方式還是疑問的態度，如「我能夠做嗎？」或是「將要以哪種方式去做呢？」或是你以一種無堅不摧的決心與大師級的力量去做呢？

第二十二章　勇不可當的目標

　　在毫無保留的決心中具有巨大的能量 ── 一個強大、堅持與堅韌的目標，這會讓我們無路可退，讓我們能清除路上所有的障礙，他的那種堅定的力量顯示了他是一位認真的人，他的人生擁有一個目標，並能夠達到這個目標。他的臉就像邁向目標的火石，所有的障礙在這個目標面前都會消融掉，為此人們願意花時間與他討論事情。

　　一個偉大的目標是對年輕人的一種巨大保護，這讓年輕人可以遠離眾多的誘惑，而在其他情形下，年輕人可能早已被一些不良的習慣所引誘。

　　當你發現一個男孩在內心下定決心，一個人若是在目標堅定與堅持理想的狀態下有條不紊地工作，就會有某種神奇的力量在他內心湧動。當一個新目標出現在某個人的面前，他若知道覺醒與把握，那他曾經沉睡的能量就甦醒了，在一個人的心中誕生了，預示著他就是一個全新的人了，他就能以全新的視野去看待一切事物，所有的疑惑、恐懼，這些在昨天讓他止步不前的邪惡誘惑，這些過往讓生活停滯不前的東西，都會像變魔術一樣神奇地消失。之前的那個他會被一個全新的目標所帶來的全新呼吸所趕走，美感與條理將替代模糊與困擾，秩序將代替混亂，總而言之，所有沉睡的功能都能甦醒過來。

　　若這個世上有什麼事值得一個人去為之努力的話，那就

是自由追求自己的理想，因為只有在追求理想的過程中，我們才有機會讓自身的能量不斷得到釋放，讓自身最大的潛能都釋放出來，這是讓我們以最為宏大、最為完美的方式去闡述人生的方式了。親愛的朋友們，讓自己做到最具原創性，做到與眾不同吧！

　　若某人不去追尋自己的理想，不去實現自身的最高追求的話，他的人生或多或少都是失敗的，無論他是出於一種多大的責任感，或是他發揮自身多大的能量去克服障礙。

　　要是沒有能量的集中，任何人都無法做到全面、富於發明性與創造性。心靈的專注是我們實現理想與人生目標的唯一途徑，我們不能讓心靈專注於我們沒有熱情與興趣的事情上。

　　我認識一位年輕人，他似乎對自己日後的事業感到害怕，他總是在想自己是否處在正確的位置，自身的能力怎樣才能獲得最大的發揮，當他遇到困難之時常常失去信心，或者當他聽到別人在某方面取得成功時若某人對自身工作不加關心，他就很可能自己對自己放棄了，你可以肯定他不是處於正確的位置上。假若大自然讓你處於某個位置上，若這種呼喚在你的血液中流淌，這就是你的人生的一部分。你無法逃避這個事實，這與你是不可分割的。你無法擺脫，正如你無法自己脫掉身上的斑點。

第二十二章　勇不可當的目標

　　所以，當一個年輕人問我他是否需要改變時，我敢肯定，他並不處於上帝本應讓他所處的位置上。簡而言之，上帝賜予的天賦就是他本該去實現的，這種天賦在他身體的每個細胞中，他是無法擺脫的。

　　那些讓人生顯得與眾不同的東西，讓我們充滿力量的東西，都是我們最想獲得的東西。我們必須堅定地去做。無論我們要等多久，無論這個目標要經過多少風吹雨打，無論環境多麼嚴苛，請相信，這個目標終能實現。

　　我們絕不能失去追尋目標的希望與決心。

▎第二十三章　責任催生能力

　　威力巨大的魚雷所潛藏的能量足夠將戰船摧毀。但是這些具有巨大威力的魚雷在常規的撞擊中，是無法引爆其中巨大能量的。

　　小孩可與炮彈玩耍數年，有趣地翻滾著，在上面做著各種遊戲，而這些炮彈在引爆之後所具有的能量足夠摧毀一幢普通的民房，但這必須發射出來之後，才擁有可怕的力量。在農場砍柴、打雜，或在城鎮上做些雜活，哪怕是在西點軍校裡學習或在墨西哥戰爭中，都無法激發格蘭特將軍內心沉睡的力量，人們具有巨大的前進動力，但這些需要在巨大的刺激下才能引爆。務農、砍柴、劈圍欄木、測量，當售貨員、州議員、律師，甚至在進入國會之後，這些經歷磨練了林肯，讓他變得足夠強大，讓他的潛能被激發出來了，將他內在的潛力一下子點燃了。然而，歷史上許多最偉大的人直到他們失去了一切，唯剩力量與勇氣之後，才會發現自己的全部潛能，或直到一些厄運降臨在他們頭上，他們被逼上梁山才會走出困境。

　　巨人們都是在苛刻的環境下成長的，他們之所以成為巨人，是因為他們能夠克服困難，完全掌控著艱難的局勢。許

多商人直到他們處於危機或不幸之中、陷入貧困之後、讓他們一無所有之時，才獲得了真正的動力。許多男女都是在成功不斷地遠離自己的時候，將生活中一些看似重要的東西捨去，他們才喚醒自己的潛能。

只有當我們覺得無路可退的時候，所有的後備計畫都沒有了之時，沒有任何外在的幫助之下，我們才能完全將自身最大的潛能發掘出來，而當我們還在依賴於外在的幫助，我們就永遠也難以知道自身的實力。

我們最大的能力、最大的可能性，潛藏在我們深深的本能之中。這通常需要在一個極為緊急的危機下，才能讓潛能被挖掘出來。不知多少年輕的男女將自身的成功歸功於厄運讓他們失去了幫助 —— 可能失去了親人、生意的失敗或家庭的損失、一些巨大的危機，這才讓他們使出渾身解數，讓他們為自己而不斷努力。

年輕人突然間被迫要因為某場意外或親人的死亡而擔當重要的責任的話，他通常與半年前的自己判若兩人，他們會擁有一些優秀的品格，這是之前人們無法想像的，是責任成就了他們。反之，他們之所以一輩子都軟弱，是因為他們從未因為擔當責任而讓自己更加進步起來，他們認為自身不能做好，他們總是在執行著別人的任務，他們從未試過獨當一面，沒有為自己著想，也沒有想過要自立起來。

這就是說，責任是能力的重要推動者。一個從不擔當責任的人永遠也無法挖掘自身真正的實力，這就是為什麼我們很難找出一些有堅強意志的男女，終身待在一個低下的位置上，或始終處於為別人服務的角色上。

　　創造、組合，應對危機的能力，源於不斷地去應對困難的情形所產生的動力，讓自己不斷應變的能力，讓人有能力去應對巨大危機。

　　最偉大的能力並不總是與最強大的自信與最狂熱的野心相伴的，只有透過巨大的責任進行培訓，人才能真正有所發展。

　　這種天賦可能顯現，也可能不會出現，這在很大程度上取決於環境，取決於一個人是否處於積極與上進的環境之中。

　　將重大責任交付一個人，讓他處於無路可退的地步，形勢將會讓他拿出自己所有的能量，這會讓他所有的能力、力量、才華、自立，以及他的應變能力發揮到極致，若他身上有任何領導能力可言的話，責任將會讓這種能力顯現出來。

　　我的朋友，要是有責任落到自己身上，要高興地歡迎。因為這可能就是你取得成功的開始！

第二十三章　責任催生能力

▎第二十四章　果敢決斷

　　世上最悲哀的事情，就是一個人永遠都懸在半空中發抖，不知道自己應該往哪裡走，總是思前想後、猶豫不決，深受巨大壓力的痛苦。這樣的人並不能知道其自身決斷的能力，所以他總是接受最後一個人的建議，而一個總是在最後時刻屈服的性格，總是易於改變自身信念、總是無法堅持自身信念的做法的人，他的自信心將遭受巨大的打擊。

　　許多人似乎都對決斷事情有莫大的畏懼，他們並不敢去承擔責任，因為他們不知道自己要往哪裡走。他們害怕如果自己今天做出決定，而明天可能會出現更為美好的結果，這會讓他們為今天的決定感到後悔。這種習慣性的搖擺者完全失去了自信，他們不敢完全信賴自己去決定任何重要的事情。許多人總是不斷地因為養成了這種猶豫不決的致命習慣，而讓自己的心靈力量毀於一旦。

　　總是在等待著肯定的道路，總是站在溪流邊上等待著被人推一把，而自己從不敢到達對岸的人注定只有失敗與後悔，而那些能迅速做出決定的人，是勇於承擔決定所帶來的後果的，因為無論他做出了什麼決定，他們都勇敢承擔，而不是逃避。毫無疑問，這樣的人要比那些羞怯、猶豫不決與

總是害怕走上錯誤道路而不敢邁開一步的人強許多。

若猶豫不決的因數在你的血液中流淌，請趕緊喚醒自己吧！將這個可惡的敵人扼殺掉，勇敢地取得成就，這樣才能免於被這些習慣榨乾自己，不會毀掉自己的人生，不要等到明天，而是要從今天就開始。

在做出決定之前，要將所有的因素都攤在眼前，權衡利弊，並從每個觀點來審視，利用自己的常識與最好的判斷力來看。之後才做出最後的決定。

在自己養成果敢決斷的性格之前，要繼續堅持下去，你將驚訝地發現，這將對你有極大的幫助。這不僅增強你自己的自信，也增強別人對你的信心，你可能在剛開始會犯一些錯誤，但在你做出判斷的過程中，所獲得的力量與依賴將會讓你收獲頗豐。

我認識一個人，他總是不敢就任何事情有所決定，每件事情都要不斷地討論，不到最後一刻，他都不會做出最後的決定。我見到他打開一個信封時，在將要黏好郵寄之時，總是要再做一些修改。他總要在別人打開信封之前，發電報通知別人，讓人先把信封寄回來。

儘管此人是一個傑出的工人，一個有著優秀品格的人，一個友善的朋友，但他卻被視為天馬行空與沒有主見的人，他總是不斷地重新考慮著心中所想，不斷地翻新著早已做完

的事情，而他也難以從那些擁有果斷性格的人身上獲得信心。我還認識一位女士，她也是屬於猶豫不決型的。在其他方面上，她的性情都是不錯的，但她就是有這樣一個缺點：每當她想要去買什麼東西的時候，都要將整個城市的街道逛上一次，目的只是找一件自己喜歡的衣服。她從一個櫃檯跑到另一個櫃檯，從一間商店到另一間商店，將衣服拿到櫃檯前，比劃著，從不同的觀點來審視其中的差異性，但她卻總是不知道自己到底要什麼。

她總是希望自己能夠找到顯出「陰影」與眾不同的衣服，或在款式上有所不同的衣服，但她自己也無法準確地說出什麼才是最適合自己的，她將整個購物商店的帽子都試戴了一次，再看一下所有的連衣裙，不斷地提問讓所有的職員不勝其煩，最後可能在回家的時候還是雙手空空。

她想買一些能夠保暖但又不能太重太暖的衣服，她想買一件無論在夏天或是冬天穿起來都舒適的衣服，一些能夠在高山或是海邊都適宜的衣服，無論是到教堂或戲院都是適合的衣服，這些奇異的組合幾乎是無法達到的。心靈的這種搖擺與不果斷對於所有性情的建構都是致命的，任何有此等壞習慣的人，都無法構建起堅強的性格與有力的個性，這種習慣會摧毀人的自信與判斷力，並且對所有心智的活躍都具有摧毀性。

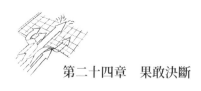

第二十四章　果敢決斷

你的判斷力必須在自身性情的深度之中，堅定的性格能讓我們的能力大增。若你無法做到這一點，你的人生之船將會擱淺，你將永遠難以到達彼岸，你將在大風大浪的吹拂下隨風飄蕩，你將永遠無法到達溫馨的港灣。

第二十五章　堅持的奇蹟

那些輕易放棄的人是永遠難成大器的，只有憑藉著對勝利無比的渴望，我們才能堅持到最後，做到原來以為不可能的事情。當天才無論做什麼事情都失敗了，有才華之人會說絕不可能的時候，當自身的每個信念都在說要放棄，當圓滑消失了，當方法消失了，當邏輯、爭論、影響與幫助都已用盡了，並且都逐漸隱去的時候，不懈的堅持、堅韌的精神才會進來。

即便當希望早已消散無蹤的時候，仍能贏得生活的戰役。

當別人停止努力之後，需要堅韌才能繼續下去，當別人絕望地放棄之時，繼續自己的努力，不失去自己良好的性情，不失去良好的常識以及良好的判斷力，這將讓你在別人獲得微薄薪水的時候，得到豐厚的薪水；這會讓你在自己所處的行業中獲得領先的聲譽，而別人只能安於平庸的局面。

正是那些從不放棄，無論那些顧客多麼難纏、無禮甚至辱罵，他們都能一而再再而三地展現出自己的勇氣與決心，去贏得顧客的讚美，正是因為他們的堅持與良好的舉止，才獲得了顧客的青睞。

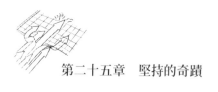

正是那些永不放棄的商人，不直面地給予否定回答，而總能保持柔和與愉快的舉止，這種禮貌讓顧客不會感到自己被冒犯，不會讓顧客掉頭就走，最終贏得顧客的生意，獲得訂單，獲得銀行的貸款。

可見，有禮的堅持在很多成功的商人中扮演著重要的作用。

人們想要獲得訂單或任命一個人時，若發現對方是一個容易放棄之人，就會毫不猶豫地放棄他，那些擁有寬宏性情、愉悅、真誠與有趣個性，並且永不放棄的人是極為幸運的，因為他們會贏得人們的喜愛與讚賞。

做一些自己願意的事情，懷著熱情堅持下去是很容易的，讓我們去做自己不願去做的事情卻是極為困難的，所以要克服內心的煎熬努力去做。

每天醒來，擁有堅強的心與輕盈的腳步，擁有勇氣與熱情，做我們並不適合或者不想做的事情，做與我們天性不符的東西，因為這是我們的責任所在。為此我們必須繼續堅持下去，年復一年。當然，能做到這樣的人，他身上一定具備英雄般的特質。

正是那些能堅持做一些自己不喜歡的事情，並能充滿力量與熱情去做的人，才取得了應有的成功，當某人不想去做某件事，卻能以巨大的力量去強迫自己做好工作，那他就是

自己的主人。這樣的人具有一個偉大的目標，並能堅持自己的目標，無論自己喜歡還是不喜歡，這樣的人一定能取勝。

當你展現出散漫、沮喪，並且跟著別人的腳步前進時，人們就會認為，你這個人缺乏勇氣，他們會踏在你的身上而過，並且將你擠到一邊。

沒有比讓一個形成固定目標，並且集中精力去實施的人，更值得人們稱讚與尊敬了。當你展現了自身的活力，為人堅持與堅定，能夠堅定不移並且能做到始終如一，這個世界將會為你讓路。

任何偉大都離不開精力旺盛的堅持，並且無論遇到多大的困難，都能下定決心去做。一個軟弱與動搖的人，一個三心二意的人，難以激起別人的讚賞與熱情，總之，沒人會相信他。

只有那些積極向上、充滿活力與認真的人才能讓人們對他產生信任，沒有別人對自己的信任，成功是很難的。

每個人都要相信，那些堅持不懈之人，當別人早已放棄之時，堅韌的目標不斷給予他們自信。若你能夠做到榮辱不驚，無論時勢如何變化，堅持自己的目標；若你擁有堅持的意志，你將擁有成為成功者的首要特質。

世界自然會為那些有決心之人讓路的。

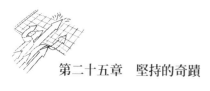

第二十五章　堅持的奇蹟

第二十六章　有所堅持

　　為什麼儘管時代變遷，時間流逝，世界人民對林肯的敬仰仍如滔滔江水延綿不絕呢？年輕人剛邁入社會之時，就要下定決心，讓自己的品格作為自身的資本，並讓自己承擔各種義務，即使無法獲得聲譽或幸運垂青，你也不會失敗的，反之，任何在品格上失敗的人，永遠也難以任何重大突破。

　　為什麼許多企業要為那些在半個世紀前就已經逝世之人的名字付出鉅款呢？這是因為他們的名字具有影響力；因為名字中具有品格；因為這堅持著某種特質；因為這代表著可靠與公正交易。想想在商界還有什麼要比堅硬的岩石更為堅固與更難以移動、且更具價值的呢？

　　許多人不擇手段讓自己的工作建立在一個不牢固與不安穩的基礎上，而不是努力做到誠實交易、公平交易，做到可信，這難道不是讓人覺得很奇怪嗎？

　　許多碰壁的人都想去找到誠實之人，因為誠實的人值得去信賴，任何事物都無法取代誠實的勞動。我們的監獄裡，很多人就都曾想用其他東西來取代誠實，而導致了這樣的下場。

　　林肯以正確、公正、誠實與正直的品格去解決了成功問題，而那些偏離這個解決問題原則之人，無疑是難以成功的。

第二十六章　有所堅持

每個人心中都應有某些東西是任何賄賂所不能觸動的，任何影響力都無法換來的，有些東西是不能去買賣的，有些東西是無論別人出多高價格，都不會出售的。比如，一個勇於承擔重要任務並且在世上有重要影響的人，就是在堅持著某些東西，他不能出賣自己的良心，他不會將自己為人處世的原則標上價格，無論多少金錢或多大的影響力與地位，他都不會將自己的聲譽放在一個他不贊成的事物之上。

當別人要林肯為一宗錯誤的案件辯護時，林肯說：「我不會這樣做。當我在面對陪審團的時候，我總是在想：林肯，你在說謊，你在說謊。我相信自己應該原諒自己，並且大聲地說出來。」

當某人處於一個錯誤的位置或戴上一個面具之時，當其內心時刻說著：「你在弄虛作假，你只是在表面上冠冕堂皇而已。」此時，別人是難以相信你的，並且意識到你並非真心，當你沒有成為別人所想的那樣，就會讓人對你失去信任，你將失去人格，摧毀自尊與自信。

不要待在一個有影響力的位置之上，無論有多大的誘惑。這種錯誤的想法會讓你降落在岩石之上，若你追隨的話，這是對心理功能的摧殘，摧毀品格，讓你昧著良心去做一些不願意去做的事情。

告訴那些想讓你去做可疑事情的雇主，你不能為他這樣

做，除非你能在你所做的每一件事情上彰顯出自身的為人的正氣、自身的正直。告訴他，若自身最重要的東西無法達成，當然最低級的東西也無法做到這一點。

當你無法成為自身想要成為的人，你是無法獲得真正的回報的。下定決心吧！不要出租你的能力、你的教育、你的自尊來為那些讓你說謊的人辦事，無論是寫作還是廣告，出售商品還是任何工作之中。

無論你從事什麼工作，你都要有原則。你不僅只是一個律師、醫生、商人、職員、農民、議員或一個擁有許多財富的人，重要的是你首先是一個人，然後才能談及其他。

無論怎樣，請下定決心吧！

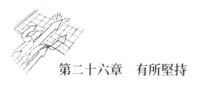

第二十六章　有所堅持

第二十七章　圓滑 ── 奇蹟製造者

誰能估量這個世界因為缺乏圓滑所帶來的損失呢？那些冒失、魯莽、失誤、過錯甚至是致命的錯誤，都是因為人們不知道該如何在正確的時間說出正確的話語。

我們通常可以看到，許多人的才華得不到充分的展現或浪費了，商人們失去了顧客，失去了有影響力的顧客，失去了律師；醫生失去了病人的信賴；編輯則浪費著投稿者的心血；牧師失去了布道的能力與在大眾中的地位；老師失去了位置；政治家失去了人們的支持。這些都是因為他們失去了圓滑。

你可能在接受了大學教育之後，讓自己的特長沒有接受特殊的培訓；你可能在某些方面是一個天才，卻無法得到世人的認可。但若你的圓滑與能力相結合的話，再加上堅持不懈，你將取得成功。

無論一個人有多大的能力，若他沒有圓滑的能力在正確的時間說一些正確的話語，他就很難讓自己變得高效起來。一個圓滑之人不僅能夠將自身所了解的東西最大化，還能夠做許多自己並不了解的事情，有意識地揚長避短。這樣的他將比那些想要四處彰顯自己博學的人更容易獲得別人的信賴。

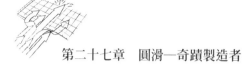

圓滑是商業上特別重要的資產,對於商人而言尤為如此。在大城市裡,許多企業都想獲得顧客的青睞,而圓滑則扮演著重要的角色。

我認識一個人,他勤奮的工作因為缺乏圓滑而大打折扣,因為他與人難以相處。他似乎擁有所有讓自己成為一個領袖所需要的所有素養,但令人遺憾的是,他的那種容易惹怒別人的習慣讓他的人生趨於黯淡,他總是做一些錯事或說一些錯話,無意中傷害了別人的情感,讓自己的工作效率降低了,這一切都是因為他根本不知道圓滑為何物。

一些人似乎無法去習得圓滑,因為他們無法準確地審時度,他們通常是臉皮夠厚之人,無法理解敏感之人的想法。

馬克·吐溫說:「事實上,很多被我們珍貴的情感,我們都是小心對待的。那些傷人心的事實,留著不說更為妙。」

圓滑之人之所以能夠快速獲得別人的信任,是因為他們有辦法吸引別人,並且讓別人將最好的一面展現出來。

當懂得圓滑的人剛開始遇到我們時,他們總是想找到我們的興趣點,並且談論那一部分,他們並不談論自己或他們想要做什麼,反之,沒有圓滑的能力之人總是談論自己,總是覺得自己所喜歡的事情是最為重要的,這樣的人通常讓陌生人或朋友感到厭煩。

有很多人對那些自己不感興趣的人不加理會，這充分顯示了他們是多麼缺乏圓滑的能力啊！若某人擁有一些自己所不喜歡的特點，就不想去與他交往，並且即時表達出自身的不滿，若硬是讓他們參加一些其沒有興趣的聚會，我們也會驚訝地看到，那些一開始對我們抗拒之人都會對我們感興趣。這對一般人來講可能會有一些難度，但對一個有能力與修養的人而言，從別人身上找到讓人真正感興趣的事情並不難。

一個作家曾滿懷激情地描寫圓滑是由什麼組成的。相關內容如下：

「一種對人性憐憫的認知，對其恐懼、軟弱、期望與傾向有所了解。」

「讓自己處於別人思考的位置上，猶如自己將要被別人所面對。」

「大度地不去表達自己的思想，就不會不經意間冒犯別人。」

「迅速覺察那些即將到來的事情的能力，並願意做出必要的退讓。」

「要明白世上不同人有不同的看法，自己的觀點只不過是芸芸眾生中的一個而已。」

「一種極為友善的精神，會化干戈為玉帛，讓自己多一個朋友。」

「認清環境的現實，並且友善地接受這個形勢，讓自己友善、樂觀與真誠起來。」

第二十八章　如何吸引別人

這世上，不知有多少人懷著孤單與沮喪的心靈，他們總是無法挖掘自身的潛能，總是因為自身的性格或缺乏魅力而畏縮不前，失去了人生的許多簡單的樂趣。他們在今天要釋放出自己的聲音，於是，他們這樣說：

「噢，我多麼希望吸引別人啊！我是多麼希望自己能夠受人歡迎，並且讓自己充滿魅力呀！」多少人曾這樣熱切地期盼著。可是他們不知道，滿足自身的願望是極為簡單的，其實，只要透過自身的努力就可以實現，而無須別人的幫助。

無論你的道路如何充滿障礙，或你的能力顯得多麼軟弱，你的身體可能殘缺，你也有可能擁有大度的性格——愛、甜蜜、歡笑，這些都會在不經意間降臨到你的身上。正所謂「一切皆有可能」。

那些具有魅力性格的男女，無論到哪裡都是極受歡迎的。他們在每個行業或工作中，即便沒有資本，也更容易取得成功。你可以讓自己像一塊磁鐵一樣，將有趣的人與事情都吸引到自己身旁，在日常生活中展現出愛與善良，向每個人都展現出一種有趣的精神。記住：若你能夠贏得朋友，你必須要為人慷慨，世人喜歡那些大度、開放的人，寬宏大量

的人總是受人歡迎的。

學會對別人說些有趣的事情，看到別人美好的一面，永遠不要看到陰暗的一面。

遠離那些總是鄙視別人的人，總是從別人的性情中找缺點的人，或總是不敢嘗試自己應該成為的樣子的人，這種人是危險的，不應被相信。

一個沮喪的人無疑是局限的、生鏽與不健康的。這讓人既看不到也無法了解別人身上的優點。一個健康、寬容與正常心態的人能看到別人身上好的一面，而不是壞的一面。因為，那些不可愛或粗糙之處將會被忽略。一個狹隘、渺小的人只會看到錯誤與缺點。

吸引別人最好的方式，就是讓他們感覺到你對他們感興趣，不過你一定不能嘩眾取寵，你必須真正對別人感興趣。因為他們總是慣於自閉，專注於自己的事情之上；他們在自我空間中生活得太久了；他們失去了與外界世界的聯繫與同情感。

我認識一個人，如許多人一樣，不理解為什麼別人總是躲著他，若他出現在社交場合，每個人似乎都在房間的角落裡躲避著他，當別人玩得高興和大聲交談之時，他只能獨自一人躲在角落裡。

若是偶然的機會，他成為大家的焦點，他卻有一種反抗這種稱為焦點的能力。這種「能力」讓他瞬間又回到了原先寂寞的角落裡，當他出現於一個社交場合 —— 他無法讓人感到溫暖，也沒有半點魅力。所以，別人很少會邀請他到什麼地方。

　　不僅如此，對自己為什麼不受歡迎，他自己也是不甚明瞭。他擁有很強的能力，是一個努力勤奮的人，當他完成了一天的工作，他喜歡休息並想與同事們一起去休息，但他卻難以從想要的活動中獲得任何樂趣，他總是時刻想著自己，他完全沒有意識到自私是阻礙他受人歡迎的主要障礙，他無法讓自己擺脫工作的限制，去對別人的事情發生興趣。當一個人依然保持著冷漠、自我中心或自我鄙視的時刻，他對別人是沒有任何魅力可言的，這正是他沒有魅力的原因之一，沒人會自願地找尋這樣的人，他就這樣被別人排斥與不喜歡。他吸引別人的程度與他對別人展現的興趣的濃度成正比，前提是，當他對別人展示尊重與興趣的時候，他就會擁有某種魅力了，然後之前那些排斥他的人也會開始受他的吸引了，只要他讓自己處於別人的位置之上，對自己有真正的興趣，不要刻意地將話題轉移到自己身上與自己的工作之中。

　　生活中最偉大的事情並不是賺錢，而是將自身提升到最高層次，將本性中潛藏的美好釋放出來。因此我們讓自身

變得更具吸引力與有所幫助，而非受人排斥與對人沒有憐憫心。

　　要想吸引別人，我們必須有許多可人的特質。自私、不滿、狹隘之人，那些妒忌、卑鄙之人，他們無法容忍聽到別人受讚揚，這些人是永遠也不會受人歡迎的，甚至一隻狗也不願與這樣的人交朋友。總之，這些讓人討厭的性格會讓他們處處被人排斥。

　　貧窮的男孩、女孩，在初涉社會之時，通常羨慕那些富有的少年，羨慕他們不需要為生計而奮鬥。但是這些富有的少年中，有很多人都沒有自己的個性，沒有超越金錢的能力。

　　要想成為受人歡迎的人，最好就是要讓自己擁有高尚的品格。因為沒有比展現最好的自己更讓你顯得可愛與充滿自尊了。

第二十九章　當一切都出差錯的時候

「當人生像歌曲一樣甜美地流淌，快樂是很容易的，當一切事情都事與願違的時候，真正的強者臉上仍會掛著一絲笑容。」

當事不順心之時仍能保持微笑的人，表明他具有取勝的素養，而一般人是難以做到這點的。許多有能力的人卻仍然無法取得成功，他們是自身情緒的受害者。他們被別人所排斥，自己的事業受挫。在人類漫長的文明史中，並沒有那些陰鬱與沮喪之人的一席之地，沒有人願意與他們居住在一起，他無論出現在哪兒，只會讓人感到沮喪與悲傷，並且不斷地努力掙脫他們。

人們喜歡並相信我們，這與我們自身的隨和態度與效率成正比。一顆陰鬱的心靈通常意味著扭曲的判斷力。他應該諮詢一下自身的情感，總之，一個人活在世上就該統治自己，去控制自己的情緒，成為自己的主人，成為環境的控制者。無論你周圍的環境看起來多麼讓人沮喪，當你學會了掌握周圍的環境，從其中沮喪的影響中超越出來，遠離陰暗的一面，直面陽光，影子自然就會離你遠去。

許多人都是自身最大的敵人，他們總是透過一些惡意或

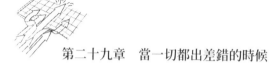

不良的想法與不幸的思想將自身人生的遊戲撕毀。無論任何事情不順心，不論我們感到多麼沮喪和悲觀，或是遭遇到不幸，我們都應該遠離這種撕毀人心的思想，並將諸如懷疑、恐懼、沮喪的情緒趕走，因為，這些不良的情緒就像闖入了瓷器店的公牛，憑著一時的衝動，有許多人就像井底之蛙一樣工作著，他們看似向上爬，其實只是不斷地下滑，失去他們所獲得的東西。讓自己獲得一個有趣、希望的美德吧！若你沒有的話，你將很快就有自己的美德。

　　藝術中的藝術，就是學會清除掉心靈中的敵人。比如我們自身的安逸、幸福與成功的敵人，將心靈集中於美麗而不是醜陋，集中於真實而非錯誤，集中於和諧而非紛爭，集中於生命而非死亡、健康而非疾病。要做到這一點其實並不容易，但卻是可以做到的。這只需要我們做一點思想上的訓練，形成正確的思考習慣就能達到。若你斷然拒絕讓那些邪惡的思想得逞，不讓它們掠奪你的幸福；若你不讓那些思想進入，緊緊關閉心靈的大門。當你真實地看到這些思想所帶來的影響時，這些邪惡的思想就不會再糾纏著你了。

　　一個神經外科醫生聲稱自己已經找到了醫治憂鬱的新藥方。為此他建議所有的病人，無論在任何情緒下都要保持微笑，無論自己是否願意，都要笑一下。他說：「笑一下，保持微笑，不要停止微笑，試著讓嘴角的弧度揚起來，無論自己

的情緒怎樣。試試這樣做自己心中的感覺。」

讓一個飽經訓練的心靈在幾分鐘之內將憂鬱的情緒趕走，這是可能的，但許多人所面對的問題是，他們沒有打開心扉，讓樂觀、希望與樂觀湧進來。因此最好的辦法是，當心靈的一些陽光閃爍，在黑暗中將憂鬱消散時，你便一改之前的心態，因為憂鬱與邪惡在黑暗中會不斷成長，而樂觀的心態則讓你充滿自信與希望。

當你感覺沮喪或憂鬱之時，請盡可能改變當前所處的環境吧！無論你做什麼，不要為自己的煩惱而憂慮，或沉溺於讓你煩惱的事情之中無法自拔。想想那些最讓人愉悅與快樂的事情，對別人抱著慈善、友善的思想，說一些最為有趣與愉悅的事情。努力讓自己散發出愉悅與歡樂，你很快就會感覺到一種神奇的提升。不要讓自己的思想或勾起不快的東西或痛苦的回憶占據自己的心靈，因為，這只會對我們造成不良的影響。盡量讓自己處於有趣的社交環境中，找尋一些讓自己大笑或讓自己開心無邪的歡樂。

不同的人選擇放鬆的方式不一樣，比如有些人發現自己回到家中之後，與天真無邪的孩子們在一起能感受到一種精神的煥發；而有些人則待在戲院，在高興的談話中或讓自己沉浸於有趣與勵志的書籍；而另一些人則是睡一個長覺，放鬆自己。此外，鄉村也是一個醫治我們自身悲傷心靈的好地

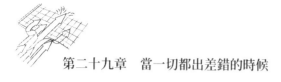

方。比如在鄉間小道上漫步一小時，面對著無垠的天空，這樣的景色將完全改變你的心態。

　　找尋最適應自身的心理態度，據此來進行調整，你將驚訝地發現，疲憊的精神所帶來的毒害完全消散了。籠罩你身上的沮喪氣氛都一下子改變了，你就會感到全新的自我。

第三十章 沮喪之時，絕不要做重要決定

當你處於心靈的壓抑之時，絕不要做出人生中一些重要的決定，或做出認真的決定。因為你的情緒會扭曲你的判斷力。

當一個人的心理處於嚴重壓抑或沮喪之時，他總是會做一些給自己帶來短暫安慰的決定，而不論這是否對最終的目標更為有益。男人有時會為了得到短暫的緩解，而讓自己處於破產的邊緣。不過只要他們繼續努力的話，就可以取得成功。人有時會處於特別的悲痛之中，當他們知道自己只能獲得暫時的緩解，甚至會以自殺這種極端的方式來獲得緩解，這樣是無法運用自身良好的常識或是更好的判斷力的，當人們深受身體與心理的苦楚之時，是難以做到這一點的。

當希望從我們的視線中消失，當所有的事情都看似黑暗或讓人沮喪之時，成為一個樂觀的人或做出一個正確的決定是很困難的，但正是在這樣的環境下，我們才會顯示出自身的能力。

對一個人能力最好的測試，在於當所有的事情都出錯的時候，在於當朋友們都勸說他要儘早放棄，告訴他抵抗命運是一個多麼愚蠢的決定之時，他仍能繼續自己的道路，永不放棄。

　　不知有多少年輕的作家與藝術家，或學習貿易方面知識的年輕人，在沮喪之時放棄了自己真心喜歡的工作，而去選擇與天性不符的工作，而日後也沒什麼改變。若說在什麼時候，一個人需要勇氣、毅力和精力的話，就是當他將要後退，當懦夫的聲音在他的心中說：你沒有看到繼續前進是多麼愚蠢的嗎？你沒有能力，也沒有力量去這樣做，放棄多年舒適與家庭的歡樂，而只是去做一些自己喜歡的事情，這是多麼大的犧牲啊！最好還是放棄吧。特別是在這個時候，更要認清楚自己的錯誤，不要繼續犯錯了。

　　許多年輕人從城市中退回來了，因為思鄉或沮喪的原因。若他們能繼續堅持的話，事情就會出現轉機，人生的整個事業就會改變。

　　那些從未離家的學生們，上大學的時候，在思鄉的強烈情感下，決定放棄一切，回到家鄉。他們日後常常會因為自己的懦弱與軟弱而感到羞辱。我看到許多醫學專業的學生，充滿了激情，但卻因無法忍受解剖學與化學試劑的單調與沮喪，他們無法忍受一些解剖時的畫面。於是，他們懷著反感的心情離開了學校，回到家鄉，日後卻因為自己沒有勇氣繼續去發現自己是否真的不適合醫生這個職業而感到遺憾。

　　年輕人進入法學院，通常懷著成為一個偉大律師的志向，但在試圖超越布拉斯通與肯特的時候，他們被挫折所擊

倒了，放棄了學習，覺得自己並不是成為律師的料。

　　成功源於在別人放棄之時繼續堅持，在別人後退之時繼續前進；當前路昏暗一片、看不到希望時仍舊繼續前進。

　　許多人活在悔恨的悲慘生活之中，失落的理想時常折磨著他們的心靈，只是因為他在軟弱與沮喪之時放棄了。我經常聽到一些進入了不惑之年的人這樣說：「要是我在一開始的時候就能繼續堅持的話，要是我能堅持我的理想，在別人沮喪之時仍能不離不棄的話，我現在可能就會有所成就了，也要比現在更加快樂了。」

　　親愛的朋友，無論前路多麼黯淡，或心靈多麼沉重，無論你做什麼，無論你肩上的負擔多重，都不要在這個時刻放棄。而且還要記住：直到所有的憂鬱的壓抑或沮喪的折磨過去之後，你才能做出重要的決定。

　　一個重要的決定需要最好的判斷力、最充分與明細的想法、最好的常識，否則，你無法在人生中找到轉捩點。

　　當世界看起來黑暗，所有的事情都在你面前顯得扭曲之時，事業的轉捩點、重要的決定應在你身心都處於最佳狀態時做出。

　　沮喪讓我們的判斷力蒙塵。我認識一些人，他們將自己的房子賣了，做一些最愚蠢與荒誕的事情，只是為了籌錢。

當你心智疲乏不知道自己該何去何從之時，你就處於最危險的境地，因為你所處的狀態，無法讓你去做一些最好的事情。此時你應當讓自己處於鎮靜與冷靜狀態，只有這樣才能做出最好的計畫。

良好的判斷力源於一個完全運轉正常的大腦，遠離受損與煩惱，永遠都不要在自己處於憂慮之時去做別人建議的事情。

當你心靈感到恐懼、疑惑或沮喪之時，你無法做出正確的判斷，無法運用正確的常識，當你的大腦處於清醒、精神煥發之時，實施自己的計畫，做好人生的規畫，當你感到沮喪，心智四處分散之時，我們難以保持精力集中，唯有沉靜、鎮靜、保持心理的平衡，才能讓你的能力發揮到極致。因為，這些都是有效思考的重要砝碼。

第三十一章　謊言豈能招搖過市

不久前，一家大型雜貨商店的主管說，他之前都忙於切割一些衣服的碎料，他說，人們願意為這些剪除碎料的工作而付出價錢。因為在打出廣告的時候，虛假的資訊會讓人覺得更加便宜，覺得自己是得了實惠，現在要是人們發現了這種詭計，他們還會繼續光顧這間商店嗎？

許多人以為，有時候謊言可以作為權宜之計來使用，他們認為說謊的獲利要比付出的代價更為優厚。許多被顧客原先認為是誠實的商店，在包裝上掩蓋著缺點，寫一些模棱兩可的誤導廣告。有很多人認為，商業上弄虛作假與金錢資本是一樣必需的，他們認為，任何人要想獲得大的成功都是很難全部說真話的，甚至覺得將真相公之於眾是不智的。

現代報業的一個弊端，就是掩蓋真相，不斷地演練、扭曲、甚至是誤導顧客。報紙總是有意識地像一個老謀深算的說謊者一樣去渲染事實、歪曲事實。報紙的名聲就如個人，只為吸引讀者目光的報紙，絕不是報業的中流砥柱，相比之下，扎根於自身所屬的社區裡的報紙要比許多跟風的報紙強上百倍。

擁有比金錢更好的價值，無法以自私的動機去動搖，無論在任何情形下，說真話的名譽要比暫時從假話欺騙中獲利

強上百倍。

　　不知多少老謀深算與說謊之人會發現，這種說謊的伎倆是得不償失的，而最好的方式還是誠實至上。

　　商業世界中最危險的性情就是一個人沒有正直感，對誠實漠不關心。他們想站在正確的一面，但卻會時常動搖，對事實會有所扭曲，尤其是對自身的利益遭到損害時，他們更不會說出真相，換句話說，他們也許不會赤裸裸地說謊，但可能沒有說出應該說出的話來。最終，這種人所得到的要比自身的損失少得多。當然，他們可能會賺到一些錢，但他們無法意識到，每次掩蓋真相的時候，他們都讓自己的形象矮小起來。隨著口袋逐漸鼓起來的同時，為人格調卻缺少了幾分。

　　看看這個國家大企業家成功的歷史吧！看看 50 年前的企業，至今還有多少仍繼續存在著，許多企業當年都像雨後春筍一樣冒出來，引得商界競折腰。然而他們不斷弄虛作假，運用一些華而不實的廣告，可能在一段時間內旺盛了，吸引了很多目光，但它們並沒有長久。因為這些謊言中根本沒有任何品格可言，沒有任何可信度。

　　世上沒有比無論在何時何地總是誠實面對顧客更能永保其活力與生命力，讓人覺得極為可靠了，這種聲譽本身讓一些企業的名字價值好幾百萬美元呢！

一個總是講真話的人，意識到自身被正義與公正的原則所支持，這就是與那些說謊者的巨大差別之處。

當某人覺得自己身後有某種永恆的力量在支撐著自己，他們就能不懼這個世界的挑戰，他們的眼神中透露出勝利感，給人沉穩的風度。而說謊者的心中則會說：「我在說謊，我不是一個正直的人。我知道自己不是一個真誠的人，而是一個鬼鬼祟祟的人，欺騙著別人。」

最讓人感到可悲的是，許多人仍舊以自己的聲譽在做賭注，用自身良好的名聲去做籌碼，只是為了幾個錢或有些名氣，而去參與賽馬競猜。以這樣的手段來獲得金錢，無論走到哪裡，他都是在出賣自己，出賣自己的榮譽，出賣良好的聲譽與朋友，出賣任何一個正直之人所珍視的東西。

讓自己的名譽去冒這麼大的風險值得嗎？任何東西都無法彌補說謊者的罪過，任何東西都無法彌補玫瑰失去芳香與美麗的損失。當一個人最美好的一部分開始逐漸腐爛，當成為一個人所具備的東西、讓他遠離野蠻的因素在不斷消失的時候，你說，這樣的人活著還有什麼意思呢？徒增笑耳！

當一個人背叛了自己的良心，多少財富和名聲，都無法讓內心不斷指責自己失誤的譴責消停片刻。因為他欺騙了自己。

# 第三十一章　謊言豈能招搖過市

第三十二章　永保心智的煥發

　　健康是人生的支柱，若是沒有了健康，性情就會遭受毀滅，生活會趨於黑暗，變得支離破碎，工作效率不自覺地降低。不僅如此，熱情與狂熱的心緒，這些源於正常人生的東西都會消失，若是能感受到心智的平衡與身體健康，這該是一種多大的庇佑啊！

　　我們到處可以見到聰明、飽受教育的年輕男女，他們天賦聰穎，卻因為身體的原因被擊倒，因偉大的理想無從實現而鬱鬱寡歡。

　　難以計數的人過著不順心的生活，因為他們意識到自己只能發揮出一部分的潛能，大部分的潛能都消失了；他們因為身體的毛病而受到限制，這樣一來，於己於世界都是毫無幫助的。

　　生活中也許沒有比意識到自己有強大的心理能力卻未能實現自身理想更讓人沮喪的了。當自身意志到被一些理想的火光所困擾，當這些困擾沒有從我們心中消失，這無疑是人生中最讓人悲傷的。因為你沒有足夠的能力去實現。

　　許多人成為自己的奴隸，忍受著失望與理想消逝所帶來的痛苦，只是因為他們從未意識到始終要保持一種高標準的

身心狀態，沒有意識到這樣做的極端重要性與迫切性。唯有讓自己處於心智煥發的狀態，才能在工作中達到最大的效率。畢竟，藝術的精華在於自我更新與自我提升。

　　一個人的能力在工作或職業中始終單調地運用，而有多少的改變，這是很難讓大腦充滿精力，去自發地行動的，也無法時常從娛樂中獲得休閒。

　　一個始終做著一件事的人，由於人生中沒有一絲樂趣與玩耍，他們通常在人生的早期中就陷入了老態，讓才氣逐漸乾枯。因為心智缺乏變化，沒有了心靈的食物與刺激而逐漸失去活力。比如，我們隨處可見，一些人過早地操勞，最後反而變得老邁與無趣起來。因為他們工作太多，娛樂太少。一句話，單調是能力不斷縮水的重要原因。

　　最偉大的成就者並非那些總是忙於工作的人，無論你在什麼時候遇到他們，總是能感覺到他們的時間是極為寶貴的 —— 他們必須不時地移動，不斷地轉換來消遣。我認識一個商人，他是一家大企業的老闆，他日常待在辦公室裡的時間很少超過兩三個小時，他有時甚至會花費一個月的時間去娛樂、旅行，不斷充實心靈，此人深知玩耍的樂趣，他在早年就下定決心，要讓自己始終保持精力旺盛，以最大的效率去迎接對工作的挑戰，他很清楚，疲憊會讓自己整個身心系統都遭到破壞，如果不加以改變，就會像許多人那樣，總是

在不斷的勞作中讓自己感到疲倦。

　　這個商人透過適當休息，讓他的人生充滿了成功，他之所以能力挽狂瀾，並能大刀闊斧，這與他充足的精力是分不開的。他的工作系統像數學般精確，他在幾個小時內所做的工作，要比許多待在辦公室裡靜坐數個小時的員工的效率更高，他不像那些還在晚上將工作帶回家裡的人弄得自己筋疲力盡。

　　那些過著完全正常生活的人，擁有充足的身體能量，這讓他們安全地度過了許多疾病侵襲，讓他們度過了一些普遍的事故或手術，若是一個身體耗盡之人、一個缺乏活力之人，在人生的道路上遇到一些重大的意外，或需要很多身體精力支撐的緊急情況下，此時的他就很難支撐下去了。原因很簡單，他有心無力。

　　這句話的真實性是毋庸置疑的：只工作，不玩耍，聰明的人也變傻。事實上，我們都有玩耍的強烈本能。因為娛樂在我們的生活中占據著重要的位置。但許多人每天都不得不工作很長時間，這主要源於他們的雇主沒有意識到，精力充沛的大腦與體力恢復的身體所具備的巨大能量。

　　蒙混過關是一件相對容易的事情，有這樣想法的人會認為自己可以違反所有健康的法則，一下子去做兩三天的工作量，在一餐之內吃了原本兩三天才吃的食物，他們以各種方法濫用著我們的身體，並且透過濫用藥物或到各種溫泉、健

康會館那裡，以求獲得休養。其實，這樣的結果就是造成消化不良，讓我們耗盡身體的精力，造成各種神經性的疾病，如失眠、心理壓抑等疾病。

我們所需要的是一種強壯與充滿活力的精力，這會讓我們能夠承受很大的壓力，而這只有透過正常、理智的生活方可獲得。

第三十三章　讓生活充滿美

若在早年，我們能夠養成良好的修養，去培養更高級的享受，更為純粹的品味，更加精妙的情感，以及各種對美之愛的表達，那該多好啊！

沒有比培養對美感的審視更賺的投資了。這會使我們的人生充滿色彩，讓歡樂充溢著整個人生；這會增強我們享受幸福的能力；這會增加我們的工作效率。

品格在很大程度上是透過眼睛與耳朵來培養的，像大自然的鳥聲、昆蟲聲、小溪、流動聲、穿過樹林沙沙的風聲，還有世間數以千計的聲音，花朵與草地的景色，地球上無邊無際的美麗，在海洋與森林、高山與小丘之間延伸。透過大自然這些「妙不可言的東西」，能讓你的身體、性情、自身素養等方面得到很好的提升。

一個人若有美的愛好，這將對品格有純化、柔化以及豐富的影響。這是其他東西所不能提供的。若是一個小孩在一種毫無美感的氛圍之下成長，在只有展現出對金錢熱愛的環境下生活，這是最可悲的。一個對美感缺乏感知的人，一個在看到一幅壯麗圖畫或迷離的日落，或看到自然美感時無動於衷的人，他們的人生都是不完整的。

對美的愛會在一種安靜與有序的人生中扮演著極為重要的作用，然而我們卻很少意識到自身被周圍的人與事所影響的程度，因為我們覺得這些都是極為普通的。比如，我們從沒有意識到每一張美麗的圖片，每次落日與山河的壯美，每張美麗的臉孔，形態與鮮花，以及任何形式的美感，但只要我們能從中發現美感，並懂得欣賞它、吸納它，這樣無論走到哪裡，都能讓品格高尚與昇華。總之，無論從事何種職業，我們都應下定決心，絕不能因為金錢而扼殺自身所具有的最高尚的品格，要抓緊每個機會將美感灌輸到人生之中。

你對美感的愛意程度將讓你獲得更多魅力，讓你變得更有氣質，讓你擁有美好的心靈及理想，所有這些魅力將在你的臉龐上與舉止中得到顯現。

若你愛上美感，可能就是某種意義上的藝術家。於，我們在這樣美感下的工作將讓家變得更加美好與甜美。總之，無論做什麼，若你熱愛美感就會純化你的品味、昇華你的生活，讓你成為藝術家而非為了活口的工匠。

許多父母沒有花什麼工夫去培養孩子對美感的熱愛與欣賞。他們沒有意識到在心靈塑造階段，關於家的一切，甚至是圖片與牆上的圖畫都會影響到成長的心靈，做父母的不應該失去這個機會，應該讓孩子們去看看美好的藝術、聽聽悅耳的音樂，應向孩子們閱讀，並經常朗讀一些高尚的詩歌

或某個作家的勵志章節。這會讓孩子們的心靈中填充美好的思想。

最高層次的美感就是要超越於特性與形式的美感。即使是一個相貌最平常的人，只要養成了向善的心態，不只是專注於表面的美麗就能讓心靈美好起來，讓靈魂高尚起來。別以為這很難，培養善良、精神、希望與無私等，這是完全可以做到的。

培養審美觀念與心靈格調與培養志趣一樣是極其重要的。我們的孩子，無論在家裡或在學校，都要將美感視為最珍貴的禮物，並且要以純真、甜美與整潔來保存，作為家長或老師應該認同這是一種極為重要的教育手法。

沒有比培養更好的自我、培養對美的宏大與真實的感覺更為重要的了。因為，這些特質的鍛鍊能夠破壞和消除那些單純追逐金錢的人格。

那些接受了認知美感教育的人是極為幸運的。因為他們擁有一種財產 —— 任何東西都無法掠奪。只是這種寶藏需要在早年就得到鍛鍊，否則，以後想要徹底改變將變得很難。

第三十三章　讓生活充滿美

第三十四章　過於節儉代價大

約瑟夫‧比林斯（Joseph Billings）說：「世上有一些節儉是害人的，其中一種就是錙銖必較，這會讓人們的生活過得毫無意思。」

我認識一個有錢人，他成為了吝嗇習慣的奴隸。這一習慣是在他剛開始進入社會之時形成的，自那之後，他就難以改變了。他總是為了一分錢的東西，而浪費一塊錢的寶貴時間。此人總是撕碎沒用的半張信紙，將信封背面剪下來，作為記錄的紙面。他總是不斷地將寶貴的時間用於一些根本毫無所用的事情之上。他在工作上也是帶上這種極為小氣的做法，比如，他讓員工們從捆綁貨物的繩索中節省線料，他認為這是比較好的工作方式，儘管這其中所需的時間要比這些線本身更加耗時，可最終看來，他只是讓員工做了一些極為愚蠢的「節儉」工作。

很少人對何為真正的節儉或卑劣有正確的看法，真正的節省並非吝嗇與小氣的同義詞，而是意味著更大的視野、更大的打算。換句話說，在真正懂得節省之人的眼中看到的是更為寬廣的東西，適宜的節儉與吝嗇般的節儉，比如只是為了省幾分錢或時間，這兩者之間有著巨大的差異。

　　所有的事情都是以寬廣的方式去完成的。我從未見過一個過分注重節省小錢的人能夠做真正的大事，過分節省就像剝下乳酪皮，這種行業已成為一種歷史。過分的小氣與吝嗇並不能讓人得到回報，許多重要的事情都是以宏大的方法去做的，正是那些擁有冷靜頭腦與良好判斷力的全面訓練之人，他們能看到事物間更為深刻的連繫──這樣方能取得成功。

　　節儉，就其最寬廣的意義而言，連繫到最高層次的判斷與視野的寬闊。而最明智的節儉，通常都需要很大的花銷，因為日後所賺的數千美元都取決於當下花銷的數百美元，當然這通常在更為宏觀的管理之中。

　　慷慨的使用金錢讓我們實現自身的理想，給別人留下深刻的印象，可以很快地獲得別人的認同，幫助我們提升。這通常要比將錢放在銀行中更為有用。

　　那些想在人生中有所作為的人，必須要強調做正確的事情，讓自己保持更寬廣的視野，而不是狹隘的視野。如果只是將雙眼固定於節省，注定只會扼殺了自己的成長機會。

　　絕不能讓養成節省的習慣變成一種負擔，否則只會成為前進的絆腳石，對商人而言，吝嗇就如農夫對待播下的種子一樣，「他播種多少，就收獲多少。」我認識一個年輕人，他失去了很多前進的機會。比如，他總是在衣著或一些小事上

節儉，於是他就這樣讓自己失去了很多商業上的機會。他總認為一套適合自己身上的衣服與領帶要一直穿到陳舊為止，他從沒有想過邀請一個潛在的顧客去吃午飯，或是為他提供車費（若他倆恰好相遇）。他吝嗇的聲名在傳播，人們對他敬而遠之，人們都不願與他做生意。一句話，錯誤的節儉讓此人蒙受巨大損失。

許多人只是因為試著去節省幾個錢，而嚴重傷害了自身的健康，若你想要做到最好的自己，要注意到不要讓這種「省」讓你受傷。任何有理想之人都不想以劣質的「燃料」來供應自身的大腦，這樣做是極為愚蠢的，這好比讓一間好的工廠去燒劣質的煤炭，只是因為優質的煤炭的價格很高，你不願出這個價格。想想，這樣的工廠能生產出什麼好東西來呢？

身體是你成功的基礎與祕密，所以無論你做什麼，無論你多麼沒錢，都不要讓自己吃劣質食物，你可以在其他事情上節省，但絕不能讓自己的身體或是大腦受損。

人們沒有處於最佳狀態時，是很難去做重要的事情的。因為這需要我們身體處於健康與舒適狀態；因為健康與清醒的大腦是我們最好的資本。那麼何不對自己好一點呢？不過這也需要金錢上的支援。

我們很少意識到，多數人在錯誤的節儉觀念上所喪失的能量與寶貴的活力所帶來的可怕之處，比如很多人因為一時

的遲疑，原因是他們害怕病痛與醫藥費，可是在之後幾個月或幾年後的牙科手術中卻損失慘重，首先他們要忍受很多毫無必要的痛苦，其次他們無法在工作中拿出最佳的狀態。

現在重要的事情就是在生活中立下一個原則：永遠不要延遲任何可能阻擋我們進步的腳步。

能量應成為一個有價值的目標的動力，換句話說，任何有助於增強個人力量的事情，以及任何能增強我們大腦的能量，這都是值得去做的。

在任何有助於取得成功的特質的事情上，無論要花費多少都要慷慨大方。記住：這會讓你成為一個更有風度的善男信女。

第三十五章　切莫養成憂慮的習慣

人在憂慮之時，有什麼事情不會去做呢？他們會陷入到形形色色的邪惡之中，成為酗酒者、藥物上癮者，在未擺脫這個惡魔之前，他們會不惜出賣自己的靈魂。

在人類歷史的演進過程中，憂慮所帶來的災難是罄竹難書的，任何人都無法估量憂慮所造成的難以言說的災難，這會讓天才去做一些平庸的工作，會造成更多的失敗者更多破碎的心、更多破碎的希望。

工作不會累死人，但憂慮卻會殺死許許多多的人。其實真正傷害我們的並非事情本身，而是害怕去做事情之時所懷抱的心理狀態，這源於心理上的一再壓抑，源於害怕自己在工作中會做得不好。

你是否聽過人類從憂慮之中獲得任何好處的故事呢？憂慮是否有助於我們改善自身環境呢？難道它不是到處在損害著我們的健康、損耗我們的精力，讓我們的效率降低，讓我們的事業迅速處於低谷嗎？

有一個員工數年來一直堅持每天順手牽羊地拿走一些東西，這樣的小偷要比那些竊取金錢或物質上東西的人更加可怕，我們會憐憫那些以崇拜之名而用殘忍手段傷害自己的行

為嗎？但許多人卻仍時常在心靈上自我折磨著，他們自尋煩惱，忍受著人生的各種厄運，比如他們在災難還遠未來臨之前，卻早已經在心靈中無數次地對此思量了。憂慮不僅榨乾我們的活力，也消耗我們的精力，更為嚴重的是損害我們的工作品質，讓我們的能力減弱。當一個人心智混亂之時，他是無法以最高的效率投入到工作之中的。一個人的心靈機能必須在獲得完全的自由之時，才能發揮最佳的能效。一個備受困擾的大腦無法飽含精力與清晰的邏輯思維，當大腦細胞被憂慮的煩憂所毒害，當我們無法以純潔的血液與純淨的心靈面對工作時，自然是無法發揮與以往相同的能量的。

大腦細胞總是時刻處於血液的浸淫之中，從血液中獲得能量，而當血液中充滿了恐懼、憂慮、憤怒、仇恨、嫉妒或敏感細胞的原生質變得緊繃的時候，這會讓細胞受到物理上的損害。

許多母親在對孩子們無益的擔憂與恐懼之中浪費了不少的精力，總是在憂慮這些與那些現實中根本不存在的事情，她們沒有想到，自身的許多能量都浪費在無謂的煩惱之中了。更為常見的是，人們總是讓一些小小的擔憂、細小的煩惱以及一些毫無必要的憂慮將內心的恐懼感激發了，不僅如此，許多人在中年時候就將老年的憂慮都用上了，看看那些在 30 歲就露出萎縮與憔悴的女人模樣，並非因為她們所做的

工作，或是她們遇到的真正的煩惱，而是因為她們習慣性的憂慮，這無助於自身，也給家庭帶來了不和與不幸。憂慮不僅讓女人變老，也讓女人顯得憔悴。這就像鑿子在她的臉上刻上深深的皺紋。我看到一些人因為幾週時間的憂慮，而整個人的容貌都全然改變的現象。給人的直觀感覺是，她顯得就像完全另外一個人。

沒有什麼能比擁有樂觀的習慣、注意看到事物美好的一面、不去在意人生的醜惡一面的想法更能迅速擺脫煩憂了。然而，我們卻看到不少女人想透過按摩、鍛鍊、下顎修復、美容以及各種方法去掉憂慮與煩憂在肌膚上留下的痕跡，顯然，她們沒有認清最重要的萬能藥方就在她們的心靈之中 —— 她們一刻不停地憂慮，正如似乎時刻在擺脫自己的憂慮。

想要保持健康的標準狀態，其實我們有很多方法都可以去改正憂慮的，比如一個良好的消化系統、一顆清明的良心。雖然憂慮總是在不正常的狀態下生長的，但是憂慮卻無法在身體完全健康的狀態下成長，換句話說，唯有在那些弱者身上，這種身體的儲備能量才會在耗盡之後顯現出低等的活力。

當你感到恐懼與憂慮進入你的心靈之時，要及時將勇氣、希望、自信注進心靈，不要讓幸福與成功的敵人在你的

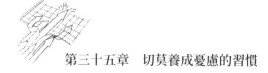

心靈中紮營，不要將所有如吸血鬼的憂慮進入自己的心靈，你就可以保持正常狀態下的活力。

當你知道對付憂慮的解藥之時，你可以輕易地消除憂慮的思想；你可以總是在心靈中注意這些思想，你並不需要到藥店或找尋醫生，你總是可以時刻準備好的。

記住：現在你必須做的就是以希望、勇氣、歡樂、安靜來替代沮喪、憂慮、悲觀、憂愁。這兩種思想是無法共存的，其中一方必然是排斥另一方的。

第三十六章　心靈雞湯

一個真正偉大的人能夠控制自己心靈的王國，他能隨時掌控情緒，正如一位醫生能夠透過鹼性的藥劑來中和吃進去的酸性食物，其道理是一樣的。

一個無視食物所含成分的人，可能將酸性物質添加到原先已經很酸的東西裡，但是醫生知道化解這種酸性物質的解藥所在，並能解決其中的酸性，保證在很短的時間裡消融這種腐蝕性的物質。所以，我們每個人心靈的醫生都知道如何透過樂觀的解藥去抵抗陰鬱與沮喪的情緒所帶來的腐蝕性，讓人排解壓抑的能量。簡言之，當他運用這種醫治方法之時，那些邪惡想法致命的腐蝕性能量將會被消除。

許多人都曾長時間遭受這種心理的破壞，因為他們對心靈的療傷毫無所知。有些人的心靈遭受著自我毒害，我們將會發現，憑藉著「反抗的思想」去做，正如透過冷水來剝奪熱水的能量一樣，我們可以剔除所有不友善與不友好的邪惡思想。這種「反抗的思想」就是那些有利於療治心靈創傷的絕好因素，比如樂觀向上的心態。

我們應能控制自身的思想，正如控制著水溫。若水太熱，只需調到冷凍的按鍵，若覺得頭腦發熱之時，我們只需

轉向愛的思想、平和的思想，憤怒的火焰將在瞬間被冷卻。

仇恨不能在愛的面前存在，而愛將殺死所有的嫉妒與報復心理，然而很多人所共同面對的問題是，他們試著將自身不良的思想驅趕，而不是想著去用良好的思想去醫治。他們總是試著在自身沒有解藥的情況下，去將這仇恨的思想驅趕出心靈。

許多人似乎認為，只有思想才會影響大腦的運作。但事實上，我們還有許多的東西可以做到這一點。生理學家們發現，大腦的灰色部分影響著盲人指尖的觸覺，這也是盲人們神奇的一種能力，事實上，他們能區分出最細微的東西。人類的身體完全是由細胞組成的。我們是由 12 種不同類型的細胞所組成的巨大集合，諸如腦細胞、骨細胞、肌肉細胞等。充沛的健康與能力則依賴於身體每個細胞的完全正常的運作。

身體上數十億的細胞都以最為緊密的方式連繫在一起──透過親和的方式連繫在一起。這就造就了「一損俱損，一榮俱榮」的現象。每個細胞的活力或衰退，讓我們的人生充滿了生機或沉淪，這取決於我們思想的品質，對此，實驗已經證明了，我們因為腦細胞的損傷而忍受不幸與邪惡的想法，比如在暴怒之後，有時候需要幾週時間才能讓腦細胞恢復到原先完整的狀態。

同樣，無數次實驗已經證明了，所有健康的希望、有趣、鼓舞、昇華與樂觀的思想，艾爾瑪‧C‧蓋茲的實驗已經顯示了，由於受損組織所引起的難以擦拭、悲觀與痛苦的情感，這些情感其中一些是極為有毒的，而另外一種情況，有趣與幸福的情感則能催生富於營養價值的化學物，這將讓細胞催生能量。

蓋茲教授說：「每種不良的情緒，都在身體組織上有著相對應的化學反應，而每種積極的情感則是生命提升的改變，每種進入心靈的思想都對細胞組織有一定程度的影響，這種改變是物理性的，甚至可以說是永久的。」

水中任何汙垢與不純的物質，都能透過化學的方法去除，所以人類的汙濁、被毒害的邪惡思想與不良習慣，都是可以透過正確的思想根除的，換句話說，我們可以憑藉一些與汙染相反的思想去掉。

讓所有不協調的思想與情緒走上最佳的健康途徑，就是要讓心靈處於和諧之中。你並不一定要花錢去看醫生，你總能有屬於自身的藥方。當你懂得了心靈雞湯的祕密之後，你會停止各種症狀，並且控制心靈的各種疾病。

每個真正、美麗與有益的思想都意味著，若能在心靈中銘記的話，就能不斷地重新讓傷口癒合，並提升人生的層次。這些勵志與提升的建議填充了心靈，那些相反的思想就

無法運作。因為，這兩者無法共同生活在一起，他們是相互敵對的、一對天然的敵人，不能共存。

▌第三十七章　內心的潛能

　　那些從早年就了解到這種心理科學運作祕密的人，正是因為意識到了在心靈中正確對待箴言難以估量的價值，不知你是否意識到自身潛能的巨大能量，若你能充分挖掘與利用的話，這將讓你的夢想成真。

　　要是體內數以億計的細胞被喚醒，內心恢復了平靜，我們就能清楚自己的能力。這是有例可尋的，比如在醫學歷史上，有一些病人甚至在極為嚴重的死亡邊緣上，在親人或醫生的急切呼喚下，竟能從鬼門關走了回來，但一般而言，若是病人深信自己不能康復，此人必死無疑 —— 這樣的思想無疑會摧毀自身抵抗疾病的機能，而身體就無法抵抗病魔的侵襲。記住：同理，有很多漫無目的的人，他們成為今天失敗大軍的一員，這主要是因為他們沒有足夠的能量讓自己保持足夠的精力，想要改變這一狀況，他們就必須擁有能量讓內心沉睡的潛能甦醒過來，進一步來講，這些潛能被喚醒之後，將能讓他們去做偉大的事情。

　　我們誰也不知道在一場極端緊急的事故或極為迫切的時候，以及需要我們立即做出反應的時候，我們能做出什麼之前覺得不可思議的事情來呢？其實我們只需知道自身所潛藏

的巨大的能量，那在一些嚴重的鐵路事故、火災或其他重大的緊急時刻，一個流浪漢與無業遊民在思想的瞬間能轉變為一個英雄，我們也就無須感到驚訝了，因為這些英雄的情愫在他們的內心早已潛藏了，只不過這些災難催生了這種力量。

有時，蹺蹺板上的身體可以支撐起一匹馬，這些現象不禁激起我們心靈的反響，正如若是不借助工具的話，人根本是飛不起來的，因為在一般情況下，人們根本不相信自己能夠做到這點，但正是在催眠師的巨大能量的指引下，他能夠做到了，並且輕而易舉地做到了。

那麼，讓人去做如此偉大事情的能力到底源於何處呢？當然，這並非源於催眠師，而是內心潛藏的能力，讓我們去做永恆的工作。我們都意識到，自身有某些東西是永遠都不會生病的、永不疲憊的、永遠也不會出錯的，所有的原則、真理、愛與正義都在這些偉大的內在之中，這是美感與公正的家園，這也是精神美感所居住的地方，這裡蟄伏著讓我們明白所有事物的平和，並且閃閃發亮，這是海上與陸地都看不到的光亮。

當一個人處於正常的狀態下，他想去做正確的事情，因為他是在公正、誠實與真實的基礎之上塑造自己。人的能量中有某些東西是永遠都不會退化的，永遠不會被摧毀或玷汙的，當然，這總是真實與乾淨的 —— 這是人的神性所在，若

能被喚醒的話，這將像酵母一樣將人生中所有墮落的東西都潛移默化地改變，直到將一個早已迷失自己的人帶回到上帝身旁，恢復到原先正常的狀態。

我們都有這樣感想的時刻，看到自身無限的可能性。比如，因為閱讀一本勵志書籍，或是一位朋友的鼓勵，讓我們看到了自身可能的提升，但無論怎樣，在一旦感受到這種力量所帶來的興奮之情後，我們就不會與之前一樣了。

當一個人感受到真理、正義這些巨大的原則在血管中流淌，就會知道無論整個世界如何反抗自己，這個原則仍與他同在，換句話說，正是林肯身上所彰顯的真理與正義，讓他為後世所敬仰。

若某人能充分調動內心的神性原則，這種永不消逝的原則，永不生病、永不犯錯的原則，他將能夠達到人生最大的效率，獲得最大的幸福。日後的醫生都能教會病人們，在他們心中都有某種富於創造性的東西在湧動，若我們所接受的教育、成見、信念沒有影響到這種創造性的過程，而是被鍛鍊成助長這一過程的話，那麼這一癒合過程將更加迅速、更為完美。

創造我們的力量，也是每天晚上在我們睡覺之時仍能保持活力的能量，這種能量讓我們身體的每個細胞不斷地更新。許多人度過自己的一生，從沒有深深地意識到自身巨大

的潛能，他們的人生顯得乾枯、乏味、沒有效率。若我們能深挖自身的潛能，就能挖到滾滾的活水；我們一旦品嘗到，就永遠都不會口渴，永遠都不會覺得有所缺失或匱乏，因為世間所有美好的東西都降臨到我們頭上。

當我們向上天伸出手臂之時，活在富足與各種資源豐富之時，就不會覺得貧窮與拮据了。

第三十八章　過分敏感是一種疾病

「因過分敏感而駛向毀滅」，這是在報紙頭條上頻頻出現的話。這些報導背後是一出出讓人感到遺憾的故事。

一個年輕的女孩，從小在一個幸福的家庭裡過著舒適與安逸的生活。突然間，一切都要她自食其力了，父親的去世，財產的消散，這些都逼著她每天要工作以養活自己以及年老的母親。她在紐約一家企業中謀得一份速記員的差事，在一段時間裡，她勇敢地對抗著厄運。

但這位心靈敏感的女孩內心是高傲的，並且過分敏感。她自身清寒的穿著引起別人的說三道四，這讓她變得不合群了，遠離了那些穿著時尚的年輕女孩，同事們都覺得她是一個怪人。

一天，一個不懂世故的笨拙的男職員問她為什麼不像其他女孩一樣穿著，這個女孩馬上遠離了此人，內心彷彿被釘子刺著，強忍著眼淚。

打那之後，她的敏感與日俱增，她將自己修補的手套、破舊的鞋子與衣服和那些時尚的服裝相比較，她覺得自己再也無法忍受這種被人看不起的壓力了，所以某天，她用午飯的錢去買了一瓶苯酚，結果了自己的一生。

人們將這個貧窮的女孩比作含羞草，含羞草的葉子在被人觸摸的瞬間就會縮回，對跟這個女孩類似的人而言，別人必須時刻注意，以免傷害他們的感情，因為這樣的人有太多的敏感之處，你必須極為小心，以免去刺痛他們。總之，哪怕是別人輕輕的一碰，他們所感到的疼痛要比其他人抵擋一拳更為強烈。

許多人無法正確面對自己的位置，無法在自身有能力的時候保持一個良好的位置，正是因為這個致命的弱點，許多優秀的商人都因此而退卻了，甚至是被摧毀了，只是因為他們時常先入為主，認為自己被別人冒犯，或在自己的臆想中自我貶低，僅此而已。

許多牧師都是一些飽學與極富才華之人，但是極為敏感的天性無法讓他們長時間擔任牧師一職，他們那些扭曲的觀點，讓他們總是覺得別人在自己背後說些壞話，處心積慮地讓他們在大庭廣眾之下受傷害。

作家、作者以及其他擁有藝術氣質的人，一般都是極為敏感的。我認識一位極富能力與頗具才華的編輯，但他卻是一個極為敏感的人，總是感覺自己受人委屈。他在報社無法獲得應有的位置，而且總是被一些無關痛癢的批評所刺痛，並將所有針對作品本身的建議視為對個人的攻擊，內心耿耿於這些受傷的情緒，這讓他無法獲得受歡迎的性格。

過分敏感實際上是自我意識過分誇張的表現形式，這與自負與自尊相距甚遠，但卻在性格中造成巨大的陰影。一個敏感之人能感受到，無論他做什麼，到哪裡去，無論他說什麼，他都是別人視線的中心，其實許多人在舉止或風度上都是善意的，都會樂於助人，而不是袖手旁觀，但他們根本沒有時間去分析日常工作中遇到的人的性格或其他方面。數以千計的年輕人之所以無法從事心目中想去做的事情，未能實現自身偉大的理想，就是因為他們害怕與這個世界打交道，過分敏感的心靈讓自身成為了懦夫。

　　病態的敏感需要英勇的治療，那些罹患此類敏感病症的人要想克服的話，必須堅定地控制自己。這正如他去控制自身的急性子，擺脫說謊、偷竊與喝酒的習慣，以及任何讓他成為一個完整之人的缺點，這兩者都是他必須去克服、去治癒的。

　　一個深受此害的人會問：「我應該怎樣擺脫呢？」答案其實很簡單，那就是少想自己，多想別人；要更加自由地與別人交往；要對自己身外的事情更感興趣；不要因為別人對你所說的事情而感到憂傷，或細細地品味別人的每一句話語 —— 直到自己將之升級到極為嚴重的程度；不要對別人擁有如此低等與不公正的評價；不要認為別人都只會傷害自己的情感；不要總是在每個場合不斷看低自己與蔑視自己。

第三十八章　過分敏感是一種疾病

第三十九章　保持冷靜的頭腦

　　無論在任何情形、任何狀況下都要保持冷靜的頭腦，當別人驚慌失措之時，仍要繼續保持冷靜，保持良好的判斷力與常識，當周圍的人開始做傻事，你能做到冷靜，這說明了你擁有巨大的後備力量，是一個鎮定與自我控制之人。

　　以下這些人都表現出心靈的脆弱：比如，輕易失去冷靜之人，在突發事件中驚慌失措之人，或當巨大壓力壓在他們心頭抑或是在一些不同尋常的事情發生的時候茫然無措之人，這些人是難以在緊急時候獲得別人的依賴的。

　　反之，再看看這樣的人：比如，在別人不知道怎麼專注之時，知道自己該做什麼；當別人興奮之時，顯得冷靜；當感到極大壓力或被迫要擔負起極大責任之時，仍能歸然不動。這樣的人無論到哪裡都是受歡迎的。

　　企業的基石取決於具有良好判斷力與常識的員工。員工們時常會驚訝地發現一些能力看似平平的人處於極為重要的位置，事業上高歌猛進，但是，雇主看重的並非能力的卓越，而是良好的常識、全面的判斷力、冷靜的頭腦，在雇主找尋冷靜與實用之人時，他尋找的是那些能做事情，而並非在做白日夢的人，這些人通常擁有大學學歷、良好的學術修

養，或是有著某一方面的天才。

　　對一個心胸寬廣與心智平衡之人的巨大考驗，就是在不同環境下，他都不需要有多大的改變。無論處於任何環境我們都要站穩腳跟，若跌倒了，無論在任何情形下都不要失去自身的平衡。當別人感到困惑或興奮之時，要保持冷靜與深思熟慮，這會讓我們在人生中擁有巨大的力量。

　　那些搖擺之人、朝三暮四之人，那些總是無法肯定自身之人，在危機來臨之時總是撒腿就跑。他們在慌張中失去了勇氣。還有一些隻希望一帆風順的人，他們就像羞怯的女孩，只有在風平浪靜的時候才敢出外揚帆。

　　你可能會覺得在這樣的狀況下還能擁有那份安穩與沉著，看起來是天方夜譚，但是你要知道，冰山八分之七的龐大體積都是在水下面的。在海洋深處，這種巨大體積能夠安然無恙地度過海浪與暴風雨的吹襲，而水面下這種巨大的能量的保存，這種巨大的動力會讓冰山暴露出的一角能夠抵擋任何撞擊。

　　心靈的平靜意味著力量，平靜是心靈和諧的產物。一根筋的人無論在其他方面多麼傑出，他都難以達到心靈平和的狀態，這好比一棵健康茁壯成長的樹木用樹葉吸收的營養去促進粗壯枝葉的發育一樣，那麼，樹的其他部分肯定要遭受營養的匱乏。

韋伯斯特（Noah Webster）巨大的心靈平衡能力讓他成為參議院與法院一個極富影響力的人物。他意識到巨大的心理能力帶給他的巨大力量，這要遠勝於那些軟弱、總是懷疑自身才能的人。

　　全面發展、冷靜之人是罕見的，他們總是極受歡迎的。我們發現許多優秀之人，他們往往在很多方面都是極有才華的，但他們總是做一些怪異、愚蠢與沒有條理的工作，而一旦被人們看作為人古怪或判斷力不強、總是做一些愚蠢事情的話，對這種人而言算是一個致命的打擊。

　　若你想被人視為冷靜頭腦，你就必須在行動上有所表現。多數人都在不斷地做著事情，特別是一些瑣碎的事情，這無法獲得他們的認同，不僅如此，他們無論在什麼情況下，根據正常判斷本不可能被視為有用的事情，但他們卻做了，於是，在之後的行動中，讓自己表現得更加冷靜一點的可能性就減弱了。因為在他們的思想意識裡，已經形成一種固態的反應，總之，他們似乎成為瑣碎之事、無用之事的奴隸了。

　　大多數人都是在利用自己的第二甚至第三感的判斷力，而不是自己的直覺。因為這通常是對我們最舒適與方便的。我們可能會為之哀惋，但大多數人本質上都是懶惰的。我們都想遠離那些煩人的工作，我們不想做一些讓我們失去安逸的工作、時刻困擾著我們的工作。

　　若你總是強迫自己去做自身本應去做的工作，就要誠實地以自己最好的方式去做，而不是自己投降或逃避責任，抑或一味地顧及自身的舒適與方便，這樣一來，你將大幅地改變自身的品格與判斷力，將增強自身為人冷靜處事的聲譽。

第四十章　他曾擁有金錢，但卻失去了

不知有多少才華橫溢、誠實的年輕男女，他們努力工作，為了自身的未來犧牲了安逸與各種眼前的享受，但卻由於對商業法則的無知，人到中年之後，未能再次展現出誠實的勞動或自我克制。不知多少人發現自己到頭來沒有一個家，或者根本就沒有能力去獲得一個家，也沒有為疾病、為年老之時、為不可避免的緊急狀況而儲備金錢，更不用說準備必要的財富以防止各種不測了。

我們發現很多學生甚至大學畢業生，他們都是滿口理論，腦中充斥著雜七雜八的知識，以及很多一知半解的知識，即便是這樣，他們也沒有能力去讓他們免於那些不學無術的騙子的侵害。父母不能讓自己的子女到處閒蕩，但卻允許他們自身對商業知識毫不熟知，這會帶給他們巨大的傷害。一些狡詐的銀行則很容易讓那些根本不懂如何保護自己財產的人上當，他們的繁榮是建立在同胞們的無知之上的，他們知道一個精明的廣告，一些似是而非的雙關詞語的運用，一些虛假的畫面，將讓那些無知的人們辛辛苦苦賺來的錢財付諸東流。

讓人難以置信的是，一個身強體壯、結實與自學成才的

人，在努力掙扎著要擺脫貧窮的過程中，辛辛苦苦地賺著每一分錢，卻在一些最為愚蠢的投資中讓錢從自己的手中溜走了，而自己卻也從不深究。很多人之所以感到後悔，是因為他們全權委託律師或商業代理人，而他們幾乎對這些人在現實中缺乏完整的了解，特別是一些女性。他們意識到律師在這方面的重要作用，於是全權委託他們去管理自己的財產，似乎他們才是自己財產的所有人，或者他們似乎在那段時間裡代表了自己的意願。這些律師可能將你的名字用於各種場合；簡而言之，就商業安排而言，他在現實與法律層面上代表著你，將這種巨大的權利交在別人手中，人們應該對於委託之人極為慎重與小心，這不應該委託給那些誠實有問題的人，而是應該交給絕對誠實，並且為人處世已經得到世人認可的人。

為了自己的家，為了保護你辛辛苦苦獲得的收入，為了你心靈的平和，為了你的自尊、你的自信以及你所做的一切，絕不要忽視這種良好、扎實的商業培訓，要在人生早年就去這樣做。這讓你免於從富裕的家庭淪落到一無所有，看到別人將原本屬於你手中的財富搶走，總之，認清楚自己的弱點，是否之前缺乏眼光或周密的思想，可以讓你免於成為別人宰割的對象。

許多富有教養的年輕女人都由於自己父親的失敗或過早地逝去，才突然意識到自己要自力更生，發覺自己完全沒有

能力去治理事務與賺錢。許多女人在他們丈夫突然死去的時候留下了許多商業責任，而她們卻完全沒有能力去承擔。她們不得不要任由委託律師或者不誠實的商人宰割，這些人知道，當處理重要事務的時候，這些不懂商業法則的女人，就像等待宰割的羔羊一樣。

若是每個小孩都能接受完整的商業知識培訓，數以千計的狡詐與詭計之人，也將完全沒有了存在的市場，因為他們的興旺是建立在別人無知的基礎上。

保存金錢與明智的投資，要比賺錢更加困難。一些務實的人，在接受長時間的科學工作方法訓練之後，會發現賺錢之後要想保存錢是很困難的，而那些完全沒有接受訓練的人，他們又會採取怎樣的做法呢？

我相信，今天美國文明最大的祝福者是商學院，正是因為商學院所傳授的教育讓數以千計的人們保住了房子，讓他們生活得舒適與幸福，不然的話，就會在貧窮與痛苦中度過。所以，選擇商學院、接受商學院的教育是一個不錯的解決方法。

第四十章　他曾擁有金錢，但卻失去了

第四十一章　就在今天

有人曾說：「在巨大事物的邊緣，我們站穩了腳跟。」世界歷史從來沒有像我們今天這樣處於偉大事物的邊緣，所有過往的歲月都像雪球一樣翻滾為偉大，今天則是過往所有世紀的總結，每個發明家、探索者與思想家、工人，那些過往之人都為今天貢獻著自己的力量。

今天就是歷史上最重要的一天，因為這是由過往無數個昨天累積而成的。在今天，我們擁有著過往所有的成就與所有的進步。由於蒸汽、電力、化學與物理上的發現，讓我們擺脫了繁重的工作，我們從過往的痛苦與奴隸勞役中獲得了巨大的安逸與解放。今天人們所擁有的享受是 100 年前君王所不曾擁有的。

一些人似乎認為過往的時光才是適合生存的，唯獨今天不是，但那些推動世界進步的人，必然是生活在今天，他們必須接觸今天的生命，感受文明進步的脈搏。正是因為我們並沒有生活在過往的世界，也沒有沉迷於明日的世界，而是踏踏實實地活在今天讓我們取得成就。我們必須知道，那些活在當下之人，會想著最大限度地利用當前所擁有的事物，而不會因為犯錯而活在悔恨之中，或因為昨日的失敗而自

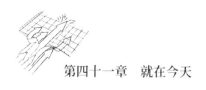

責，或將時間浪費於明日無限可能的事物之上。所以，不要嘗試在 1 月的時候，想著 2 月的工作來糟蹋自己的生活；不要在這個月裡吝嗇或過度節省，只是因為你的目標在遠方的未來，或為下一年而節儉。今天不要踩在百合花與雛菊之上，不要只看到世界的美麗與神奇之處。其實，這些都在你的腳下可見的，因為你的雙眼專注於仰望星空了。

下定決心，你將享受當前活中的舒適，不要再將時間浪費在想像中駕駛豪華汽車或在遊艇之中 —— 這些可能在明年才會發生的事情上。只要下定決心，你將在自己的小農舍或你的房子裡玩得最開心，你將讓這個地方成為世界上最幸福與溫馨的地方，你不是活在遠方那虛無縹緲的大房子裡，但這並不意味著我們不為明天做準備，或者對即將到來的事物缺乏良好的期待。讓自己全身心地活在當下，不要想著讓自己在今天獲得只是 1% 的樂趣，而明天就可獲得 99% 的幸福。記住：在當下，就要活出最好的自己。

真正的幸福在於我們過好每一天，而不是一味地想著過往或未來。就像以色列的孩子們試著儲存的食物，若我們想著為明天預留著什麼，這些食物就會變餿。我們到處可以見到一些人因寄望著明日而感受到舒適與有用，而不是今天。改善的機會對今天的他們而言，如果我們要遠離那些讓人不快的現狀與生活時，就會希望自己能在未來有神奇的轉機，

獲得自由與幸福。這是一種自欺欺人，認為若自己能夠暫時地避開眼前這根刺或鞋中的沙礫就會感到幸福，但你想過沒有，我們不去避開，難道它們不會枯萎與萎縮嗎？

我們能意識到，只有當前才是真實的，只有現在才是真正存在的，這將大大有利於我們的發展與進步。實際上，沒有真正所謂的昨日與明日，除了當前我們所存活的時刻，我們無法確定任何事情。

所以，我們不能讓自己置身於未來，也不能沉溺於過往，只有現在才是永恆的，而年歲、日月與分秒都是對永恆的現在的一種武斷的分割而已。若我們能夠充分利用的話，這將大大增強我們的享受能力，讓我們的工作變得更加高效起來。

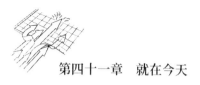

第四十一章　就在今天

▌第四十二章　勇闖人生，開闢新路

　　這個世界獎賞那些有勇氣讓自己脫穎而出的人；勇於擺脫平庸並宣稱自己有才華的人；勇闖自己人生，走自己道路的人。正是無畏的獨創性吸引世人關注的目，否則你將難以在這個世上留下自己的印跡。

　　逝去的東西並不能削減你的才華，你會擁有屬於自己的形象，前提，無論你的工作是什麼，不要盲目追隨、模仿別人；不要做別人之前已經做過的事情，而要以一種新穎與原創的方式去做，向別人展現你自身的特長。下定決心，無論你在這個世上有何成就，都必須是原創性的，帶有自己品格的烙印。不要害怕大膽地以個人的方式來肯定自己。記住：原創即是能力、生命，而模仿則只有死路一條。

　　世上總會有屬於原創之人的一席之地，不要害怕展現自己的才華，只有透過原創而不是抄襲，透過帶領別人而不是追隨別人，我們才能真正成長起來。我們要下定決心，讓自己成為一個具有想法的人，永遠找尋著進步的空間，要有所目標。不要迷戀於過往前人所做的。這個世界充滿了追隨者、依賴者與尾隨者，他們願意走老路。那些具有原創力、勇於擺脫窠臼勇闖新的領域之人，才是我們最想要找尋的。

無論是物理學家還是那些律師，他們都以一種前人所沒有嘗試過的方式去辦事，還有那些能將新穎的教學方式帶到教室的老師，以及那些有勇氣宣稱上帝賜予他們資訊，並敢將這些資訊寫在書上的人。這個世界希望看到牧師能將布道源於生活，而非圖書館裡的書籍的某一段陳詞濫調。

　　不要害怕走自己的路，要獨立起來，不要依賴別人，做最好的自己。我們活在世上，都是很特別的人，不要想著去複製自己的祖父、父親或鄰居的工作方法，否則就像百合花想變成玫瑰，或雛菊想變成向日葵一般愚蠢。大自然賦予了萬物各自存在的緣由，每個人活在世上，都有各自獨特的一面，若他試著去複製別人或去做別人的工作，他就會失敗，感到無所適從，最終只會獲得失敗的命運。

　　個人的才能、個人的獨創性才是最重要的。任何取得成功之人，都沒有想著要成為別人，即便別人取得了成功。成功是不可複製的，當然，你也無法成功地被別人模仿。每個人的失敗程度，是與他背離自身而想要成為別人的程度成正比的，因為真正的力量源於自身而非別處，所以請做自己，愛夢想，傾聽自己內心的聲音吧！

　　在每種工作之中，在貿易與商業的活動之中，總是存在著提升的空間，而原創性則是極受歡迎的，這個世界會為有創意的人讓路。擁有原創的思想、與時俱進之人能夠找到新

穎的方法，這才是推動社會真正進步的力量。無論走到哪裡，這樣的人都是搶手貨。而庸庸碌碌之人只會屬於芸芸眾生。

獨創與獨特的方法都是具有極大的宣傳價值的。一個運用普通經營方法的人，儘管他可能擁有極為優秀的能力，也難以吸引別人的注意力，但若他能走自己的路，採取原創與進取的方法，充分發揮自己的優勢，並吸引別人的眼光，那麼每個光顧他生意的人，都可以算是為他做了一次廣告。但是，絕不要誤認為只要你能以新的方式去做事情，就必然能夠取得成功，真正重要的是有效的原創性。數以千計的人總是不斷地研究新的主意、新的做事方法，而那些難有成就者就是因為他們工作低效與缺乏實效。

這個世界亟需那些能以新穎與改良的方式去做事情的人。不要以為我們的計畫或主意沒有存在先例或因為你年輕且沒有經驗，就無法獲得別人聆聽的機會了。擁有最新的設備與最具原創的主意，無疑會吸引別人的目光，沒有比原創與獨一無二的做事方式，特別是當它們高效之時，更能吸引雇主或世人的注視了。那些擁有新穎與富有價值的東西的人都會受到別人的傾聽與追隨，那些擁有強烈個性的人，他們勇敢堅信自己的思想與原創的想法，並不害怕堅持自己，絕不複製別人的老套，必然很快就會獲得別人的認同。

　　一個年輕人所能做的最精明事情（先別談這對他品格方面的影響），就是將自身潛藏的最大的原創性與卓越性投注於所做的每件事情上。我們在自己職業生涯的初始就要下定決心，將自身的印記烙在自己雙手所做的每件事情上，展示自己最高級與美好的一面。若我們這樣做的話，就會獲得大量的資本去開始，並且能夠成功地表現自己。

　　記住：我們最大的成功就源於自己本身。

第四十三章　向善的刺激

　　兩個搶劫的強盜碰巧路過一個絞刑架，其中一人說：「若是世上沒有絞刑架的話，你說我們這個職業該多好啊！」「你是白痴啊！」另一個人回答說，正如每項藝術、每項工作或每個人生追求，正是其中存在的困難，讓一些缺乏膽量的人逃離與畏縮不前。

　　許多人將他們人生的輝煌歸功於自身所遇到的巨大困難或挫折。對此，斯坡金說：「最好的人生工具就是他們從火中淬鍊而出的，而利刃則是人們從砥礪中鍛造出來的。」許多擁有偉大能力之人，他們之所以湮沒在這個世界，是因為他們並沒有與挫折進行過搏鬥，也沒有在困難之時掙扎擺脫，去喚醒自身沉睡的功能。我們能夠戰勝對手，正是他們的存在激發我們去克服前進的阻力。沒有挫折與考驗，我們就不可能讓自己變得不斷強大起來，站穩腳跟，正如橡樹在與暴風雨搏鬥數千次之後，才深入地下，扎穩根系。我們的考驗、悲傷以及痛苦都是以相同的方式在心底發芽。

　　不幸與悲傷在我們的心中翻滾，但豐富的經驗與新的樂趣會不斷湧現。在克里米亞的一場戰役中，一顆炮彈落在堡壘裡一個美麗的花園中爆炸了，但從滿目瘡痍的地表上，我

們可以看到清泉在噴湧，之後就變成了一座活生生的噴泉，泉水從一道醜陋的切口中噴出來。一位著名的科學研究者說，當他遭遇一個看起來難以克服的障礙之時，他通常發現自己處於突破發現的邊緣。厄運只會不斷地將他們包裹在表面的防護層剝離，讓他們不斷深刻地認識自己。障礙、困難，這些都是將堅強的人生塑造美感的鑿子與木錐，正是不斷的挫敗讓人們用骨頭去摩擦燧石；正是失敗讓軟骨變成了肌肉；正是失敗才讓人變得戰無不勝。

「多謝投稿，下次好運。」這樣的回絕信件讓許多人成為了作家。失敗通常激發他們內在的潛能，喚醒他們沉睡的目標，將沉睡的力量甦醒過來取得成功，而那些真正有膽識的人，將失望看成是一種外在的幫助，就像蛤蜊將讓牠煩惱的沙子變成珍珠一樣。一些年幼的雛鷹從破殼出來的時候，就開始了飛翔的過程。雛鷹在成長為老鷹的過程中所歷盡的粗獷與勇猛，將作為牠們一生中寶貴的財富，讓牠們成為鳥中之王，迅疾地捕捉到獵物。貧窮與默默無聞都並非不可逾越的障礙，但它們對那些天性懶惰之人卻是一種刺激，讓他們擁有更為強大的心智，更加堅實的肌肉與身體的活力。珍珠越硬，其光澤就越加閃亮一樣，而這些都是需要更多的摩擦才能達到的，就像只有其自身的粉層才會讓最寶貴的石頭展現其美感一樣，外界的刺激往往會激發一個人的潛能與鬥

志。許多人都是直到自己失去了一切，才會真正地了解自己。

　　燧石的火星要是沒有摩擦，將會永遠沉寂無光，人的熱情要是沒有刺激，也將永遠沉默無聞。一位富有的西班牙人想去幫助他，但賽凡提斯（Miguel Saavedra）回答說：「上帝見證，貧窮終將過去。」因為貧窮，讓這個世界的文學史上增添了一分耀眼的光芒。無獨有偶，監獄激發了許多高尚的心靈中沉睡的火焰。比如，《魯賓遜漂流記》寫於獄中，《天路歷程》誕生於貝德福德監獄裡。沃爾特·雷利（Walter Raleigh）爵士寫道：「《世界的歷史世界史》是他在 13 年的牢獄生活中寫就的。」幾乎從人類歷史的發端，大多數猶太人就遭受壓迫，但他們卻帶給這個世界一些最高尚的歌曲、最睿智的格言、最甜美的音樂，對他們而言，壓迫似乎只會給他們帶來繁榮。對猶太人而言，困難就像「春日的早晨，顯得迷茫而善良，寒冷得足夠殺死害蟲，卻讓作物茁壯成長。」貝多芬在創作出最偉大的作品之時，幾乎完全失聰了，忍受著巨大的痛苦。席勒（Johann von Schiller）在身體遭受巨大的創傷之後，寫了最優秀的詩篇。一個能夠毫不動搖與退縮的人，他總能抬起頭顱，讓堅強的心靈時刻準備著去面對所有的困難，勇敢地面對命運的殘酷，他會笑對挫折，因為，他在對抗之中已經擁有了人性的力量與品格的力量，這些力量讓他成為自己的主人。

第四十三章　向善的刺激

　　這世上還有什麼比看到一個堅強之人，在面對一些想要擊倒他的事物面前顯得不可戰勝更讓人動容呢？任何命運與厄運，都無法阻擋這樣的一個人！

▎第四十四章　你有一個行善的習慣嗎

有這樣一個故事，一個國王有一個自己十分寵愛的小兒子，小兒子無論想要什麼，都能得到即時的滿足，財富與愛都能擁有，任何願望都能實現但他卻總是悶悶不樂，臉上總是露出不悅之色。某天，一位著名的魔術師來到宮殿，他跟國王說，自己可以讓他的兒子快樂起來，讓小王子原先那張不悅的臉露出笑容。「若你能這樣做的話，我將滿足你所有的要求。」國王說。

魔術師將這個小男孩帶到一處私人住宅，在一張空白的紙上寫上了一些字，他將這張紙遞給這個男孩，告訴他進入一個黑暗的房間裡，拿著一支點燃的蠟燭，看看會發生什麼，然後魔術師就走開了。年輕的小王子照做了，而那張白紙在燭光的照耀下現出了一行美麗的藍色的字：「每天向某人做些善行。」王子遵循魔術師的勸告。之後，他成為父親手下王國中最為快樂的人。

任何人要想獲得真正的快樂，就要成為有用的人，散發樂觀與高興，善待每個人，並以一種博愛的精神去對待身邊的每個人，這樣的人才會真正取得成功，只有透過學會授予，才能真正成長起來。

一位哲學家曾這樣問他的學生：「世上最讓人歡喜的東西是什麼呢？」在學生給出了許多答案之後，一個人最終說：「美好的心靈。」「說得對！」哲學家說，「你的這個詞語已經囊括了所有的答案了。因為一個擁有美好心靈的人就會心態平和，就會擁有良好的同伴、好的鄰居，也就更容易看到什麼才是最為適合自己的。」

美好的心情，友善的性格，坦誠、開放與慷慨的個性，這些都是極為富有的，擁有這些特質的人，儘管沒有一分錢可以給予，但他卻可以在自己的經濟能力範圍之內，做出許多慷慨的舉動，而許多億萬富翁的財富在他面前顯得非常渺小。

人生中沒有什麼比在早年形成善意的習慣更為重要的了。當一個人展現自身的性情並且全身心地投入對別人的服務之時，我們就會驚訝地發現一個人會迅速地成長起來。無論我們自身給了多少，無論我們奉獻多少，給予別人多少歡樂與鼓勵，這些都是絕不會枯竭的，甚至，我們可以給予的會越來越多。我們擁有更多，就可以給予更多，讓自己更為有用，帶給別人更多的鼓勵，希望會向我們招手。我們人生的工作之所以得到不良的結果，一個原因就是我們沒有成為更加慷慨的人，我們的同情心與鼓勵給予的不夠。我們必須多多地給予，才能獲得更多，而那些不願給予同情心與善良

的人，不願向別人表達讚美與欣賞的人，則會漸漸地讓自己貧乏起來，扼殺自己的天性。

　　一個總是對別人說些友善話語的習慣是很貼心的。養成向別人說些善意話語的習慣，找尋到別人身上的美好點，無疑就是天使的舉動了，就像幾句友善憐憫的話語、幾句溫情的鼓勵之語讓約翰·B·格斯這位著名的溫和演說者恢復了自身的自信一樣，最終，約翰·B·格斯成為了一位有影響力的人。

　　不知道你們發現沒有，現實中很棘手的問題就是人與人之間的相互誤解以及我們無法給予彼此一個正確的評價。很多人只看到別人不良的一面，比如錯誤與不足，甚至是怪癖，然後他們就大肆渲染起來。若我們能夠意識到，即使在最卑鄙之人的心中仍存著上帝，在最吝嗇的守財奴心中仍存有博愛之心，在最嚴重的懦夫心中仍存著英雄情結 —— 而只需在足夠緊急的情形之下才會得到這樣的結果。那麼人類文明將更上一個層次。許多人都對利益過分的貪婪，於是，他們總是以商業上冷冰冰的言語與規則來為其自私的心掩飾。有不少人看不到別人身上的優點，這是因為他們專注於別人的缺點了。當我們嘗試專注於別人的優點時，我們就能從中獲益，別人身上的優點說不定就有值得我們學習與借鑑的地方，若我們對別人擁有大度、友善觀點的話，我們的態度將

大幅度推動文明的進步。世界為那些無私與友善之人豎立了一座座豐碑，若這些豐碑不是用大理石或黃銅製造的話，他們就活在那些被他們所激勵、鼓舞與幫助過的人心中。

　　每個懷著善行之心的人都能取得成功。即使他們在工作中失敗，也要比那些毫無作為、只是憑著先輩遺留下的財產而渾渾噩噩地生活的人更有價值。

第四十五章　拒絕的刺激

　　拿破崙在談到大將軍馬塞納（André Masséna）的時候說：「此人直到看到自己的士兵在戰場上紛紛倒地之時，才會顯示出其真正的才能，然後他心中的壯志才會被激發，才會像一個魔鬼那樣去戰鬥。」

　　一些人的本性永遠都不會自動浮現，只有在他們遇到阻礙與失敗之後，才會顯示出真正的才華。他們的潛能深藏於他們心中，任何平常的刺激都無法激發其中的潛能，但當他們被人譏笑，被人看不起，或被人指責、侮辱之時，一股全新的力量從他們心中升起，他們就能做一些之前所不能做的事情。這需要一場巨大的危機，一場極為嚴重的緊急狀況，才讓許多人開始探究自身的巨大潛能。惡劣的環境、絕望的困境、赤貧與艱難都曾讓一些人成為歷史上的巨人。拿破崙之前從未如此具有全方位的能力，他一開始也並非如此冷靜，沒有如此強大的心理掌控能力，而當他被逼到絕境之時，這些才全部迸發出來。一位成功的商人曾告訴我，在他漫長的事業中所獲得的每個勝利，都是艱苦努力奮鬥得到的結果，所以他真的十分害怕那些不費吹灰之力就獲得的成功。他感覺，當他不經奮鬥就獲得一些有價值的東西的時

候，必然會出現一些問題，只有透過不斷努力，戰勝困難及別人的嘲笑，這些才能帶給他樂趣。總之，困難對他而言就是一種刺激。他喜歡做有難度的事情，這能考驗他的勇氣，即使他有克服困難的能力與才華。我認識一個學生，他家境貧寒，憑藉半工半讀上完大學。而那些家境富有的學生則取笑他，他們總是嘲笑他穿著短短的衣袖、破舊的衣服以及時常處於寒磣的境地。他被這些嘲笑所深深地刺痛了，他對天發誓，不僅要讓自己遠離別人的嘲笑，而且要讓自己成為世上有影響力的人。這位年輕人後來取得了令人矚目的成就。他說，曾經遇到的嘲笑與恥笑刺激著他在這個世界上不斷奮鬥，並成為了自己繼續前進的動力。若是林肯出生在宮殿之中，並且順利地進入大學，他可能就不會成為總統了，也就不可能像現在這樣在歷史上流芳百世了。因為這樣環境，他不再需要默默地努力奮鬥，不再需要不斷地努力彌補自身的不足，正是與惡劣環境的殊死搏鬥，讓他內心的巨大潛能被激發出來了。

今天我們這個國家裡的一些人將自身所取得的成就歸結為挫折，並將視為永恆的推動力；正是挫折讓他們原先在75% 的基礎上再繼續將潛在的 25% 能量都挖掘出來。在天然的狀態下，人性都是懶惰的，我們做什麼事情，都懷著一個動機，而動機的能量則始終衡量著努力的結果。強烈的動

機、重大的責任都足以喚醒我們本性中潛在的巨大潛能，將所有的力量都展現出來。歷史上有很多例子，那些擁有神奇特質的人，透過不懈的努力取得了巨大的成就，讓他們從一些生理的缺陷之中獲得了彌補。那些認為自己相貌平平甚至醜陋的女孩子，為了證明自己做出了不懈的努力，去找尋應有的補償，並且成功地做到了。但是若沒有克服自身缺陷的決心，她們是不可能做到的。

克服我們身體的缺陷說明，能夠真正發現自我，甚至將自身潛能最美好的一面展現出來的人是多麼的罕有，即便如此，我們也並沒有將自身巨大的寶藏中所蘊含的豐富的美感全部挖掘出來。我們死時，仍有許多未被自身挖掘的才華。

第四十五章　拒絕的刺激

▎第四十六章　失敗之後，該怎麼辦呢

　　許多人都是直到大難臨頭之時，才開始真正地發現自己的潛能。許多人直到他們被一場難以控制的災難弄得不知所措，或者當他們的前景顯得黯淡無光之時，或者家庭破碎之時，總之，只有這些災難成為他們人生的中心之時，他們才將人生的潛能全部挖掘出來。

　　對品格的真正考驗就是在他失敗之後，該怎樣去面對。那麼他接下來要做什麼呢？首先，他的失敗喚醒了心中的潛能，並給予了他新的啟發，但我們都清楚，不是每個人都能做到像他這樣。於是我們不禁要問：這能讓一個人發現新的能力嗎？能將一個人的潛能帶出來嗎？那些失敗能夠帶給一個人更強的決心，還是讓其灰心喪氣呢？愛默生說：「我知道，從來就沒有比一顆堅強的心靈更加讓人敬佩的徽章與象徵。」一個擁有堅忍、擁有目標的人，無論身邊的同伴如何改變，或周圍的人群與自身的運氣怎樣，這些改變都無法讓他的內心失去半點希望，他只是不斷地將挫折磨掉，最終抵達彼岸。

　　失敗的可怕並不是因為跌倒，而是在於跌倒之後再也不想爬起來。

「無論怎樣跌倒，總要站起來。」這是任何一個勇敢與高尚的人獲得成功的祕訣所在。

有人問一個年輕人是如何學會溜冰的。「哦，我只是在每次跌倒之後繼續爬起來。」他這樣回答說。正是這種跌倒後爬起來的精神，讓軍隊不斷取得勝利。

也許，過往對你而言意味著失敗。比如，在回首之時你可能感覺自己就是一個失敗者，或最多你只是在平庸中不斷耕耘而已，而新的一年可能在你的眼中是極為黯淡的。你可能沒有你期望取得的特殊成就；可能失去了對你很重要的朋友與親人；抑或因為生病而沒有能力去工作。但是，不管這些厄運顯得多麼恐怖，若你拒絕被征服，勝利總是在前方等著你。這是對你為人氣概的考驗：在你失去了一切身外之物後，你到底還剩下什麼呢？若你現在躺下，雙手投降，認為自己很糟糕，那麼你基本上也沒有剩下什麼了。但若你有一顆無畏的心與堅毅的臉孔去面對的話，你就能拒絕放棄失去對自身的那種想法；若你對後退給予鄙視，你會展現出不懼困難的人格魅力，這比你所遭受的厄運更為重要，也比任何失敗都更為宏大。因為，你從不言敗。

你可能說，你曾經不斷地失敗，再次嘗試也是沒有意義的，覺得自己是不可能取得成功的。或者你會說，即便再次站起來，似乎也沒有什麼希望了。這完全是胡言亂語，對於

一個在心靈上沒有被征服的人，是沒有失敗可言的。無論看上去多麼遲鈍，無論你已經重複了多少次失敗，成功仍是可能的。斯科奇在人生的最後歲月裡，從一個守財奴變成了一個慷慨與真誠之人。他愛著自己的同胞，這並非只是迪萊斯腦海中臆想出來的。

在我們日常的生活的經驗中、日常的報紙中，不論在自傳裡或是親眼所見，我們可以一再看到，不少年輕的男女能夠從過往的失敗中走出來，從沮喪的淵藪中走出來，勇敢地面對人生的挫折，戰而勝之。數以千計的人曾在這個世上失去了一切，現在之所以能夠遠離失敗，是因為他們有堅強的精神，與永不後退的心。

在真正的堅強的決心中，有些東西比世俗的成功與失敗更為重要。無論他們擁有什麼潛能，無論失敗還是失望，一個有決心的人都能戰而勝之，永遠不會失去信念。而在考驗中，軟弱的人則會屈服。堅強的人那平靜的靈魂、平穩的自信仍能給自己一個正確的評價，他能夠完全掌控外在的環境，無法讓其傷害自己。

對於一個有理想去實現自身潛能的人，是不會害怕失敗的，當他被打倒之時，也會渾然不覺；對於一個不懈努力與擁有不可戰勝的意志的人，也不會害怕失敗失敗；對於那些每次跌倒之後仍舊站起來的人而言，仍對失敗無所畏懼。他

們就像一個橡皮球，在別人都放棄之時，在別人都後退之時，仍能繼續前進。

▌第四十七章　粗心大意的悲劇

　　誰能估量每年因為粗心大意而造成的生命損失呢？誰能計算這世上有多少人因為粗心大意而受傷，以及蒙受的巨大的財產損失呢？而這一切都是由於一些人的冷漠與粗心所致。

　　可能只是幾根建材的不牢固，整幢建築物都因此而受損；或是橋梁掉到河裡，寶貴的生命毀於一旦。隨手扔掉的火柴或菸頭，讓建築物或整個城市處於火災之中。我們總是在追尋著巨大的聲名，但正是那些我們不加留意的小事情，才造成了巨大的損害。人類歷史充斥著由於那些從未養成精確習慣的人，一些不小心的人在不經意間釀成了難以原諒的錯誤，造成了極為恐怖的悲劇。不知多少顧客或金錢只是因為員工一些粗心的書信，粗野的言辭或是粗心的投遞而造成損失。在地球上，我們到處可以看到馬虎的工作所帶來的後果：義肢、沒有手臂的衣袖、無數堆積的墳墓、沒有了父母的家庭，我們都可以聽到因為某人的粗心大意，抑或冷漠與不精確的習慣所造成的悲劇。粗心與馬虎的工作，缺乏周全的思量，這些都是對自身的犯罪，違反了我們的天性，這通常要比那些因犯罪而遭社會放逐的人更為可怕，因為一個極為微

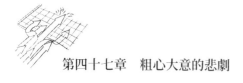

小的不足都可能讓一個寶貴的生命喪失。總之，粗心大意是
與故意犯罪一樣嚴重的罪過。

芝加哥一家大型企業的經理說必須時刻在公司裡忙東忙
西，以彌補員工們不精確的工作所帶來的惡果。一個商人
說，不精確的工作讓芝加哥市每天損失 100 萬美元。當我們
想起某人在此時此刻又在某地粗心大意地工作著，儘管這種
情形看似並不陌生，就讓我感到心痛，他們不知道正是這些
小錯誤累積起來才造成了一大筆損失。這些粗心的職員無疑
會對為什麼他們得不到晉升感到奇怪，若是別人告訴他們這
些微小的錯誤就是他們進步緩慢的原因，他們必定會大吃
一驚。

思想周全則是誠實的孿生兄弟。當一個雇員做事認真，
能夠分毫不差去做的時候，在雇主眼中，這要比天賦的才華
與傑出的才能更為重要。例如，一個年輕的速記員在做紀錄
的時候十分精確，為人準時，書寫詳盡，具有良好的判斷力
與常識；他能夠改正一些錯誤的句子或是更正因匆忙記錄而
產生的一些文法錯誤，這樣的員工是絕不會失業的。

有一些人的心靈似乎難以做到精確的行動。他們的心理
層面顯得千瘡百孔。若我們去研究這些人的話，就會發現他
們沒有明確的觀察與尖銳的思想，他們失去了心理的方向與
體系。記住：粗心的思想者必然是行動上的馬虎者。

「哦，那已經足夠好了。不要在那件事情上投入太多的時間，我們沒必要這樣做。查理，我們又不會因此而獲得獎賞。」這是一家家具店的老闆對一個新來的員工犯錯的時候所說的。當這個男孩一有時間就借來工具來修理家具時，他很快就因此而讓自己的技術變得嫻熟起來。於是老闆派他到家具店工作。那時這個男孩身上讓人覺得唯一的缺點就是他過於特殊了。因為這個男孩會說：「在別人用一個釘子的時候一定要用兩個，別人一個小時做完的工作要用兩個小時。這種詳細與周全的工作是會讓我們獲得回報的。」

但是男孩並不滿足於「足夠好」或「不錯」，他總是堅持所有事情都要有始有終。可以的話，他一定要盡全力去做到最好，然後才讓家具從自己的手中賣出去，這就是他的特徵所在。這位年輕人以這樣的嚴格要求來處理所有的事情，讓他在幾年內升至一個重要的位置。現在他已經管理數百人了。享有做事周全與認真的聲譽，這對於一個即將闖蕩社會的年輕人而言，無疑堪比一筆巨大的資本。銀行更可能會給這樣的人貸款，招聘企業也會相信他的。因為他們不想將工作賦予那些具有同等能力但卻做事馬虎的人。

若每個人都能將良心注入工作之中，仔細地去做，這會減少人類生命的損失，減少人員的傷亡。那麼現實也不會像現在這樣令人痛心了。相反，這會賦予我們更為高級的品格。

第四十七章　粗心大意的悲劇

第四十八章　有規律有助能力的提升

很多小型企業之所以難以從平庸中昇華，原因就是管理系統毫無規律可言。你會發現一個高薪的員工只是去負責打開信箱、整理信件並且去負責傳遞這樣的工作，還有各種瑣碎的事情。我們還會發現，一個企業之所以無法發揮自身的優勢，是因為他們在做著錯誤的事情，沒有經濟效益與管理條理。簡而言之，這樣的企業缺乏對一個系統全盤考慮的能力。

很少有商人會對時間的節省與員工的能量進行系統的研究，而大多數員工並不知道如何將自己的才華向別人展示出來，當然，他們也沒有機會透過有序的系統來不斷增強自身的能力。沒有工作規律的商人只是在以不良的方法忍受著精力的巨大浪費，他們永遠也不知道接下來自己手頭上要做什麼，他們只是複製著別人的命令。在採購的時候，不是過分購買就是購買不足。他們的消費總是不能與時俱進。他們在款式上是落後的，從來就不會清理與重新開始，所有的事情都處於混亂之中。

一個做事缺乏條理的人，想去做一項龐大的資金交易時，總是要呼喊別人的幫助，他們認為自己身邊有足夠的人

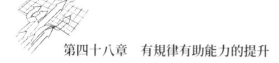
手，就可以去做很重要的事情。這些人所缺乏的並不是更多的幫助，而是設立更為有效的系統，缺乏條理與指引的工作將讓任何商業管理都變得低效。仔細的規劃、簡單有效的系統，可以讓一個能力平平的人完成重要的任務。一個商業機構曾提到「缺乏條理」是數以千計的企業所以失敗的原因。

　　我腦海中仍記得一個極為繁忙的人，無論在一天的什麼時候，你都能看到他總是處於不斷的匆忙之中，他只會給你一秒鐘的時間，若你想要談久一點，他就會看看自己的手錶，提醒你他的時間是十分寶貴的。他想要公平地競爭，但卻付出了巨大的成本。他對於節省勞動成本毫無概念可言，而是不斷地努力去彌補缺乏條理所帶來的紊亂。他的這種時時補漏的做事方法是很難讓自己取得成功的，他的大腦沒有一整套完整的系統，缺乏讓事情變得井然有序起來的能力。這種行為造成的結果就是，他身邊總堆積著許多垃圾檔案要去清理。他的辦公桌上就像一個垃圾桶，他總是十分繁忙，沒有時間去將時間攤開，若他確實有時間，也不知道該如何去處置。我到他的辦公室很多次了，他總是在一大堆雜亂無章的檔中找到某些東西。此人在工作中於己於員工都毫無條理性可言，他總是在忙碌中度過，驅使著每個人，總之，所有的事情都處於一種混亂的狀態，沒有人知道接下來到底要做什麼。若他們問他該如何去做，他總是回答說，繼續手中

的工作。這樣讓員工們感覺手中的時間是不夠使用的，其實問題的關鍵是，他也不知道該如何去下達明確與有效的命令，因為他沒有規劃，從早上起來就缺乏一天的計畫。

我認識一位與他競爭的人，卻總是悠閒自在，顯得很冷靜，做事有條不紊，活得舒暢。無論眼前有多麼繁重的商業活動，他都有時間去禮待你，不會去提醒你他現在是在趕時間。他辦公室裡所有的事情都顯得井井有條，沒有人顯得焦急，但是工作都是在很有計畫地進行著，到處都是很有條理的，人人都按照一個明確的目標去做事，沒有必要去複製任何人的工作。

有序的人總能給別人力量，以及有能力的印象、一種平衡與安靜的感覺，無論什麼時候見到他，他總是有所準備的，不會毫無頭緒地工作。任何打擾都無法讓他分心，工作中任何浪費與辦公室的混亂都不會出現。每天晚上他都會清理桌子，沒有任何重要的信件是留下待處理的，所有的命令都會得到即時的解決，儘管他做了數百次的工作，但你感覺他好像過得十分輕鬆，根本沒有大戰來臨之時的感覺，所有的事情都像時鐘一樣有序地運行，只是因為他會使用自己的大腦。

那些最有方法的人擁有最多的時間，他們的工作能夠按照計畫來進行，他們的成功並不依賴一時的狀態，他們已經學會了如何有條理地工作，讓自己在一個計畫下工作。這是

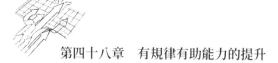

一個思想者與規劃者的時代。成功之人必然是那些深思熟慮、做事有條理的思想者，並有足夠的執行力去實行。

　　今天，那些頭腦混亂與工作方法馬虎的人是沒有機會的。他們必須有一個有條理的計畫，並努力地按此工作，而不是隨意改變目標來抵消自身的努力。

▌第四十九章　永不準時的惡習

　　一位有學識的人曾這樣說過，在人類所有的事務中，有兩樣東西是取得成功所必不可少的：這就是力量與效率。前者通常是後者的結果。

　　無論是男女，都要深知時間的重要性，如果我們懂得珍惜每一分鐘的價值，我們的人生就將能夠烙下力量的標籤。看看那些真正的成功人士，有哪個沒有養成高效率的習慣呢？一個總是錯過火車、總是在約定時間過後出現的人，總是習慣性地無法履行支付帳單或是在銀行規定要繳納的費用期之後繳費的人，無疑會讓那些與他打交道的人對他產生懷疑的感覺。即便他可能是一個誠實之人，本意也是善良的，但是由善意堆積的商業世界的整個結構都是依據效率這一重要原則的。一個無法履行自己義務的人，別人是無法依賴他的，無論他的出發點有多好。簡而言之，目標的誠實本身難以彌補這種做事遲鈍的習慣。一個在任何事情上準時的人，實際上獲得了更多的時間。拿破崙就說過，他之所以打敗奧地利軍隊，就是因為奧地利軍隊不知道 5 分鐘的價值所在。「每丟失一分鐘，就會帶來多一個不幸的機會。」

　　在商業活動中，沒有比準時更為重要的了，相比之下一

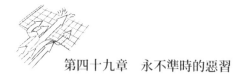

位重要的人並非不可或缺。拿破崙曾邀請元帥們與他共進晚餐，但他們卻沒有準時到來，拿破崙就獨自開始吃了起來，在他將要站起身子的時候，元帥們才姍姍來遲。拿破崙說：「先生們，晚餐已經結束了，我們將立即開始工作。」

許多年輕人無法獲得提升或失去重要的職位，是因為自身行動遲緩。逝去的范登堡曾說過，一個人不守時，這是一個難以原諒的罪過。他曾與一個年輕人約定，幫助他獲得一個職務，並告訴年輕人在某天上午 10 點鐘到自己的辦公室來。這樣他就可以與這個年輕人一起去會見鐵路公司的主席，因為那時候恰好可以利用宗教儀式之間的閒置時間。年輕人到來了，但卻晚來了 20 分鐘。范登堡已不在他的辦公室裡，他已經去參加一個會議了。幾天後，這位年輕人終於見到了他，反問他為什麼沒有遵守約定的時間見面。「我已經在 10 點 20 分的時候到達你的辦公室了呀！可是你為什麼失約了呢？」年輕人問道。「但是，我們約定的時間是 10 點鐘啊！」 范登堡回答道。「我知道，但是遲到 15 或 20 分鐘又有什麼關係呢？」年輕人說。范登堡說：「可是按時赴約是極為重要的呀！」

在這個例子中可想而知，年輕人未能準時到達，已經失去了那個位置，因為這個任命在年輕人遲到的時候已經任命給別人了。

「我告訴你年輕人，你沒有任何權利去評價我的 20 分鐘是沒有價值的。我沒有 20 分鐘去等你的。在這期間，我還有兩個重要的會議呢！」范登堡最後這樣說道。

已經逝世的 J・P・摩根（J. P. Morgan）曾告訴一個朋友，他認為自己每一個小時的價值為 1,000 美元。當一個人的明天總是要為原本今天償還的債務作抵押的時候，他還怎能去奢望成功呢？準備充分的人，決斷之人，一個總是蓄勢待發去做下一件事情的人，他們總是為自己要做的事情準備著，並且迅速地完成，這樣的人，才能取得成功。

做事高效率的習慣讓我們能夠將自身的能力統一起來，並且增強我們自身的功能。迅速行事的習慣與其他良好的習慣一樣，在很大程度上取決於環境與早年的訓練。當母親要孩子去做事情，那些總是說「等一下」的孩子注定總是習慣將作業推到最後一分鐘才去做，總是在玩耍之後才完成功課，如果沒人去敦促他們，他們就不會去做。這樣的習慣是難以抓住人生中那些必須要做的事情，也難以將自己的優勢發掘出來的。

納爾遜爵士說：「我將自己所取得的成功，都歸功於凡事都早到 15 分鐘。」

準時就是讓我們富於禮貌，承擔紳士的責任。這是商人的必修課。

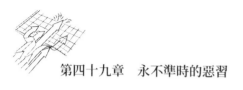

第四十九章　永不準時的惡習

第五十章　直接了當的能量

不久前，我在進入一家企業的時候，迎面就看到這些字眼：簡潔一點！我們都有屬於自己的生活，所以不要浪費彼此的時間。這一個類似個人公告說明了一點：現代生活中、商業中運轉速度的極端重要性，然而在許多商業活動中，也許，過往容許人們可以悠遊自在、慵懶地坐在椅子上，天馬行空地談論著心中所想說的話語，但要是在今天這個時代肯定會扼殺這樣的工作方式，過往那種軟弱與低效的方式是行不通的，現代商業是講求實效與速度的，若你不願意這樣做，別人就會這樣做。

若是哪位商人對此大為惱火，他是難有作為，也無法獲得生意的。比如他總是說一些客套話，用長篇的介紹與沒有意義的辭藻去作開場白，這樣只會浪費時間，卻沒有說出關鍵性的東西。有些人沒有能力說些正確與中肯的話語，就像一隻狗轉了數次之後，仍舊躺在原先的那個地方，他們用毫無意義的解釋介紹與恭維的話語，直到每個人都感到厭煩。當年輕人向我徵詢在商業上取得成功的祕訣之時，我總是試著發現他們是否有一種直接的能力。比如能否清晰地將一件事說到點子上，能否以肯定的方式，總之，我主要看他們是

不是支支吾吾地用一些無聊的話語來搪塞。

　　一些說話拐彎抹角的人總是處於一種劣勢。他們工作很努力，但卻總是原地踏步，而一些能直搗黃龍的人，一些能直透事物本質的人，每句話都能說到心坎上與點子上，他們終能真正地成就大事。

　　我認識一位在生意上很成功的朋友。有次他打電話給我，他根本沒有任何客套話，而是直奔主題，說出了他想要說的話。能與這些人做生意是一種榮幸，他們永遠不會讓你感到厭煩，不會讓你感到疲憊，每次看到他，總要為他敏捷的心靈、果敢的決定與高效所敬佩。這種執行力並不是很難培養，若你早年就開始這樣做，並且知道其中的缺點，時刻讓自己集中思想，將自己想說的話用簡潔與清晰的語言表達出來，你也一樣能踏上成功的旅程。

　　通信最容易彰顯出人們缺乏口才，這通常從一封沒有商業規格的信函中的第一句話就可以知道。我曾與這些人在一些最重要的問題上聯繫幾次，每封信函都要去問相同的問題，催促對方直接給予回答，但他們每次都是那麼的含糊，雖然他們可能並非有意的，但這無疑是讓人感到惱火與沮喪的。

　　許多年輕人常因一封字跡潦草與馬虎的信件而不被招聘，而許多人則將他們的成功歸功於應聘簡歷的簡明。我看

見過一個商人迅速地瀏覽許多應聘信件，她只是挑出一封信。因為此人的字跡清晰而整潔、言辭簡潔。這個經驗老到的商人根據這封信就判斷出作者是一位具有潛在執行力的年輕人，雖然他們從未見過面。再看看那些長篇的信件中，上面寫滿了自我誇耀的東西，反而難以激起她的注意力。

商業信函應該是簡短的，用幾個精簡的句子濃縮在一起就可以了，同時還需要注意邏輯性與重點突出，這樣就會顯得既全面又有重點。這在幾行的句子中所說的話語要比兩頁紙張更為重要，所謂一葉知秋，從一封信函就可以看到此人的品格如何。記住：這些都是一封商業信函所應具備的特點。

在練習寫商業信函的時候，想像自己每寫下的詞語都價值 25 美分，要盡自己最大的努力用最少的詞語去表達自己的想法，盡可能地用精簡的言語去寫信件與文章，不斷地檢查、修改其中冗雜的詞語，不斷地重組一些詞語的順序。透過不斷學習簡短的表達，我們將克服任憑一些沒有條理、沒有邏輯的思想卻寫上幾頁的壞習慣。這種鍛鍊將極大地提升一個人的思想能量，並將其能簡明地運用到談話之中。

我們應該努力去用幾個詞語來表達最重要的思想。這可以從一些最簡單的事情開始。「我看到一個我可以追求的極為重要的東西，這就是簡明的思想。我決定去追尋它。」傑克如是說。

第五十章　直接了當的能量

▌第五十一章　你的能量用在哪兒了呢

　　煤礦的能量 99% 都是源於太陽，最後消耗在電燈之上，我們從 1 噸煤中消耗的能量發出 1% 的光亮，因此，如何解決如此巨大的能量浪費，是目前科學家們所面臨的一個重大問題。

　　一個年輕人在初入社會之時，大腦、神經與肌肉都儲存著充沛的能量與活力，他感到自己幾乎有無限的活力從心中湧出來，力量的迸發似乎沒有任何阻滯。在年少輕狂的歲月與力量飽滿之時，他似乎認為自己的能量是沒有極限的，總是將能量在一些肆意的揮霍中浪費掉了，總是在抽菸與酒精中消耗著身體的能量，總是大吃大喝，熬夜消耗自己的能量。這種不良的習慣讓人變得懶惰毫無規律與馬虎地工作，直到某天他極為震驚地自問：「我想要用自身的能力去創造的燈火到哪兒去了？」

　　我驚訝地發現，他曾經擁有的那些巨大的能量，原本可以產生足夠的光照亮他的前路，可結果卻沒有留給這個世界什麼東西。他曾經自吹自擂，並且自信只要顯露一點光芒就會讓世人感到炫目，可結果卻在黑暗中栽了跟頭，而原本應該取得成就的能量卻在路上消散了。

年輕人一個晚上的消沉，花掉了父親的 1,000 美元，這應該被視為一件極為嚴重的事情，正如這實際上是在做很多壞事一樣，兩者之間有著相通之處。這不僅意味著他活力的損耗，更意味著他在浪費人生的力量，而這些被浪費的能量本應用於自身去取得成就的，不僅如此，如此瘋狂的行為所造成的道德敗壞是金錢本身所無法比擬的。想一想，1,000 美元與寶貴的人生力量相比，孰重孰輕？失去的金錢還可以重新賺來，但是在消沉中喪失的活力卻永遠也無法收拾回來了。然而，只需回首一天，看看自己的能量都到哪兒去了，看看這些能量從你的哪些瑣事中溜走了。看看吧！也許，你在埋怨，挑剔以及一些毫無意義的打鬧中浪費了精力，其實，這只是你的精神煩惱讓你顯得惱怒，顯得筋疲力盡；這只是讓你無法全身心地享受家庭歡樂的氣氛罷了。可是，這不正是在消耗著你寶貴的能量嗎？難道你不曾惋惜與後悔？

你在憤怒的時候可能要比你認真工作的時候消耗更多的精力。也許你沒有意識到，憤怒就像一隻瘋狗闖進一家瓷器廠，到處搗亂。你打開心靈與身體能量的閘門，直到你在夜晚所儲藏的能量都溜光為止。驀然回首，看看是否你對別人的責備、找錯、批評與對員工的嘮叨不停，這樣的做法到底在幫你取得過什麼呢？

大多數的能量都是在無序的工作中被浪費的，我們中很多人在無謂的憂慮與焦急中感到精力的浪費。我們要遠離所有榨乾自身活力的活動，不要讓自己拖著疲憊的殘軀，行屍走肉。排除那些失去生命力的東西，將這些東西掩埋掉，不要讓憂慮與虛榮讓人生感到遺憾。

　　任何可能降低你身體活力的東西，都不要去做或去接觸。你要經常問自己：「我所要做的這樣事情會增加我的人生活力嗎？這將增加我的能量嗎？這是否讓自己處於一種最佳的狀態之中呢？是否讓我更有效地為人類服務呢？」

第五十一章　你的能量用在哪兒了呢

▎第五十二章　真正重要的儲備能量

對於那些身體沒有儲備能量的人而言，每次失敗都是一次致命的滑鐵盧。

有多少男女在生活中之所以失敗得一塌糊塗，就是因為他們並沒有儲存足夠的身體能量、知識、教育與自律，也正是因為他們沒有這些「儲存的能量」，以致無法滿足特殊情況的需求，去應對一些重要的危機。

現實中之所以有那麼多人的生活顯得卑鄙與吝嗇、毫無生氣，也是因為他們並沒有足夠的後備力量。他們沒有在教育、文學與思想領域投入更多的精力，所以他們的收穫是微小的，因為他們播種很少，而且還是以劣質的種子去播種。

每個人都應該明白，生活中的成功會青睞那些有後備力量的人，接下來就是一個你如何長時間儲備能量，並能夠發揮出來的問題了，當時，這場爭論持續了數天，海恩進行了一場他自以為無法駁斥的演講。

韋伯斯特認為海恩這場「無法駁斥」的演講必須在第二天早上加以反駁。他沒有時間去查找過往的資料或諮詢一下權威，去讀一下歷史書或重新充實自己的記憶，他獨自一人站在那裡，手上沒有一本書，在沒有外人的任何幫助之下，

在我們國家的歷史轉捩點上，歷史的關鍵都取決於他個人的儲備能量，在於他寶貴人生所儲存的知識，總之，他的那場著名的反駁演說明顯是在議會休息期間精心準備的。但韋伯斯特稱，他的很多資料都源於對另一個話題的仔細記錄。這些資料都很有條理地放在他的工作桌上的一角。

在人生的每個階段上，身體、心理與道德的儲備都具有不可估量的價值，那些期望做任何重要事情的年輕人，必須要為任何可能出現的緊急情形做好準備，他們必須有足夠的後備力量去迎接最好機會的到來。

在世界歷史上，沒有比毛奇（Helmuth von Moltke）的例子更為生動的了。他的政治遠見與難以估量的潛在才華，都在法國與普魯士的戰爭中、在推翻拿破崙三世的過程中展露無遺。這對於每個美國青年而言，都是一個極為生動的例子。

在雙方爆發衝突 13 年前，毛奇已經計劃著戰爭爆發後的每個細節，每個位置上的軍事指揮員後備軍的人員組成，都被他清清楚楚地寫下來了，並編成章節。這讓他知道戰爭的每一步應該如何進行。

每個普魯士王國的指揮員都有一封密封的信件，信封裡面裝著關於指揮的前進方向與調兵遣將的機密文件與特別指引，這只是在接受調動軍隊之時才能使用的，而軍隊人員的

儲備也在有條不紊地進行著，一旦戰爭爆發，也能確保鐵路暢通無阻。

甚至有人說，最終在 1870 年執行的計畫是在 1868 年就已經策劃好了，而有些計畫更是在 1857 年就已經出現了輪廓。德意志的軍隊在這位天才的軍事指揮家的帶領下，勢如破竹。

而法軍在戰略部署與毛奇嘔心瀝血的長遠思慮的部署計畫形成多麼鮮明的對比啊！毛奇在每個細節上都不放過，而法軍則一切都聽天由命。當時，法軍軍官從前線發回電報到總部，稱他們沒有物資補給、沒有帳篷等物質，他們無法集合所有的軍隊，所有的事情都如此混亂，簡直完全沒有安排可言。我們可以看到一些人難以計數的損失，因為，他們認為讓自己為一份事業去準備是不怎麼值得的，他們認為，只要獲得一點教育，就可以讓他們不斷前進了，就足以去應付現實的需求了；他們認為，讓自己繼續鑽研知識、打下更寬闊的基礎是沒有價值的。一句話，若一個年輕人希冀豐盛與金黃的豐收，他們就要準備好土壤，他們必須在播種期間播好種子。

你無法從自己的人生中收獲你沒有為之付出的，同理，你無法在一個你沒有存款的銀行提款。

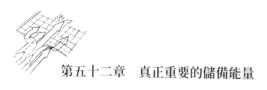

第五十二章　真正重要的儲備能量

第五十三章　你是一個「雜才」嗎

　　當他從父母這條藤蔓中脫離出來之後，他就會枯萎與萎縮，無論他如何努力地以分離的個體繼續存在，他都無疑是一個失敗的人，人生也會顯得那麼矯揉造作。

　　葡萄光滑與美麗的形狀與香甜的味道，都源於根莖藤簇所提供的營養，樹枝無法在脫離根莖的情況下獨立茁壯生長，因為一旦它被分離出來就會枯萎與死亡。同樣的道理，一個人的強大源於其數量、品格、他從別人身上所汲取的各種力量，以及在社交、心理與道德以及同類人的交往程度，當他與別人的交往切斷之後，他就會變得弱小起來。他的力量與他的接觸面是成正比的。

　　人類無論在身體、心理上都具有廣泛的興趣。為此，他們需要各種心靈營養補充能量。而他們可以透過與很多人的交往來獲得這種營養。

　　與一位具有強大個性之人在一起，這似乎能夠讓人們敞開夢想與挖掘潛在的能量，他們會感覺自己的能力被提升了，知覺更加銳利，各種能力都得到了全方位的昇華，簡言之，他們可以提升自己，也能做一些自己之前不敢去做的事情。

　　演說者所具有的巨大能量，進而可以回饋給聽眾，其實這種能量首先是從聽眾中汲取的，但他無法從單一個體中汲取。正如化學家無法從實驗室中各個分離的化學試劑中獲得最全面的能量，只有在各種試劑的互相接觸與反應之後，才能讓新的化合物產生新的能量一樣。

　　我們遇到的每個人都有自身的祕密，若他能從中汲取一些自己之前從不知道的東西，一些有助於自身繼續前進的動力，一些能夠豐富自己一生的東西。我們很少會意識到，自身很大的部分成就是由於別人與我們共同工作所獲得的，他們讓我們的機能更為銳利，讓我們充滿了希望與鼓勵，讓我們更容易地闖蕩人生，在心理層面上不斷支援與鼓勵著我們。

　　我們成長的營養在很大程度上都是源於心靈所吸收的養分，失去敏銳的感覺則無法讓我們去衡量與估計。大師畫作的偉大之處不在於畫布上細微的色澤、陰影這些細小的東西，而在於整幅畫在總體上所表現出的藝術家的情感。大學教育的很大一部分在於讓學生參加社交活動，在於透過社交來不斷強化自己的品格鍛鍊，比如，他們彼此的鼓勵能在心靈的相互砥礪中產生力量，在大腦思想的火花上不斷碰撞之後讓他們燃起了雄心，照亮了理想，打開了新的希望與無限的可能性，於是他們的能力得到了全面的提升。記住：書本上的知識是有價值的，但是心靈之間的交談則是無價的。

你擁有多少知識或你的成就多大，這些都不是很重要。若你無法培養自己真正的憐憫之心，對別人缺乏真正的興趣，無法與這個社會有緊密的接觸，無法與別人共同進退的話，那麼，你自己將會日漸萎縮。

　　要與那些在修養與自我提升上有更大幫助的人在一起，因為這樣的人接受了更好的教育與更好的資訊，這樣你就可以盡可能地汲取有助於自己的東西，有助於提升自身的理想，鼓舞著你去做更為高尚的事情，讓你更加努力去有所作為。

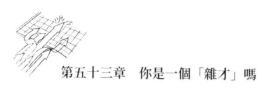

第五十三章　你是一個「雜才」嗎

第五十四章　活力的「殺手」

　　在人與人的大腦中有一種強大的傳遞力量在心靈之間迴盪。雖然我們還不知道如何去衡量這種力量，但這卻是一種具有強大刺激、能夠建立或摧毀人的力量。失去那些與人交往的機會注定是一個錯誤，因為我們不能得到一些富有價值的東西。記住：成功之人必須要學會善待自己。換句話說，在他努力將自身潛能發揮到極致的時候，必須記住自己的成功在很大程度上取決於自己對成功的工具，也就是他自己的保養之上。

　　很多所謂的成功者都是他們自身的最大敵人。他們從不會虐待馬匹或任何低等動物，但卻對自己這樣做。他們時常空著肚子就出去工作，飲食缺乏規律，總是被失眠困擾，缺乏必要的娛樂。事實上，他們破壞了自身本性的每一條法則。他們不明白，為什麼自己在這個世界上的理想與貪念不應該成為他們衡量自身的標準。任何熟練的機械師都不會考慮去使用生鏽的工具，想想一個要經營一流理髮店的理髮師去用生鏽的剃刀給顧客理髮，或者一流的工匠用鈍的木錐、鋸子或其他工具去完成工作，這真是無法設想的。

　　許多人平庸的成就讓自身強大的天賦能力浪費了，讓自

己貽笑大方。這只是因為他自己的無知，無法提供充足的力量去驅動而荒廢了自身成功的工具所致。數以千計的人在死去的時候，由於理想的破碎而無法實現自身潛能中的 10%。這只是因為他們沒有適當地去保養自己而已。

若我們能夠研究一下身體真正的所需，正如我們研究花園中的植物所需要的養分那樣，用水去澆灌，讓清新的空氣進入，讓陽光進入，植物就會茁壯成長。同理，如果我們保養好自己的話，就不會感到胃痛、消化不良、頭痛或為其他方面的病痛而感到痛苦。

若我們在飲食上保持一定的常識，過著一種平淡、理性與簡單的生活，就不需要服藥，但許多人的行事方式卻是與我們的本性相違背的，違反我們做人的標準，損害我們自身的可能性。

許多人原本很有能力，卻因缺乏必要的營養，比如因為節食而失去了身體原本需要的營養而導致碌碌無為。他們在中午時分匆忙地吞咽一塊三明治與一杯牛奶，只是為了節省時間與金錢，其實他們可以為了自身著想去一家好一點的飯店或餐廳，或抽出足夠的時間去吃一頓有營養的午餐，去享受食物所帶來的快樂，讓腸胃系統有時間去消化，之後也可以有條不紊地去工作呀！

一位追求成功的人的最大節省就是為自己積存更多的成

功能量、活力與心理能量，讓身體處於一種最佳狀態，讓自己更有力量去實現潛能，讓自己不會因為缺乏食物而阻滯自身才華的施展。否則的話，就是殺雞取卵。

許多人讓自己的能量毫無意義地消耗，不斷縮小自己的可能性，讓自己失去了舒適，讓人生無法變得和諧與有益。沒有比自己身體與心理的能量更為寶貴的了，無論如何都要努力去保持。換言之，這是我們所能做的，這讓我們在這個世界上前進得更快。

你有沒有想過，一個失去理智的人，擁有人生寶貴力量的儲備，卻到處布滿了洞孔，讓能量四處逸散。但這正是數以千計的人此時此刻正在做的。我們總是到處浪費人生的力量與能量，讓我們失去了成功的可能性，而這些能量的儲備原本足以讓我們取得成功，但我們竟然還懷疑為什麼自己無法取得成功。

缺乏睡眠，缺乏在清新的空氣中鍛鍊，缺乏有營養的食物與朋友間有益的談話，或者過度地工作，帶著疲憊的精神去工作。所有這些都是讓能量枯竭的漏洞，讓我們失去了人生的力量，無法取得成功。

只需回顧一下昨天，就可以看出自己的精力都到哪裡去了，看出有多少能量在瑣碎與不良的習慣中被浪費了。你可能在一時的怒髮衝冠或一時的激情之中，比你整天在正常工

作中消耗更多的能量。

　　若你想發揮最大的潛能，就要讓自己遠離所有榨乾活力的根源，擺脫所有阻礙你前進的東西，遠離所有浪費你精力的事物，減少自己工作資本的流失。

　　不要去做或接觸任何降低自身活力與減少前進機率的事情，要時刻捫心自問：「我還能做什麼來增加人生的力量，增強自身的能量，讓我真正處於最佳狀態，去實現最佳的自己呢？」

第五十五章　恐懼的惡魔

讓人們失去幸福感與做事的勁頭，讓許多人成為懦夫，讓更多的人成為失敗者、平庸者，而無法成為其原本想要成為的人。

恐懼對人有某種讓人癱瘓與遮擋陽光的能力，這種感覺透過影響消化系統讓人無法獲得足夠的營養，從而降低身心的活力，讓我們血液不暢，摧毀我們的健康，進而扼殺希望，讓人成為懦夫，心靈變得脆弱起來，無法去思考與創造。

許多人幾乎害怕所有事情，他們擔心洪災，害怕著涼與感冒，生怕自己喜歡吃的東西，想在商業上投資卻又怕失去金錢，害怕大眾對自己的看法。他們為人恐懼與拘泥，他們害怕艱難的挫折，害怕貧窮與失敗，害怕莊稼可能顆粒無收，害怕閃電與魚雷。他們一輩子都會感到恐懼、恐懼、恐懼。

恐懼扼殺了人們特有的原創力、勇氣，摧毀人的個性，弱化人們所有的心理活動。偉大的事情從來都不是在一種對即將到來的恐懼感的壓迫之下創造的，當一個人飽受一種恐懼感困擾抑或在缺乏預見能力之時，一切都完了。

第五十五章　恐懼的惡魔

　　一些人總是遭受著這種階段的恐懼。他們以為這些巨大的不幸將要降臨到自己身上，害怕自己會失去金錢或位置，或害怕意外的發生，抑或一些致命的疾病正在體內蔓延，若孩子不在身邊，他們就害怕自己的孩子會有各種不測，諸如鐵路事故或海難之類。總之，他們總是在腦海中勾勒出一幅最壞的景象。

　　我認識一個人，他的身體歷來多病痛，這讓他成了一個懦夫，他整天活在病痛之中，他讓自己總是臆測一些不可能的疾病纏身，讓自己的心靈飽受煎熬。若他發現自己感冒了，就會覺得自己可能正在遭受某種巨大疾病的襲擊；若他喉嚨痛，就會認為是扁桃體炎發作，這讓他害怕得不敢吃東西了；若他吃了一頓可口的晚餐之後，感到一點點心悸，就想可能是因為心臟的輕微擠壓所造成的，有很多人活在相似的恐懼與錯誤的認知之中，這種恐懼的習慣減短人生的壽命，因為它破壞所有的生理過程。具體來說，這種顯現的能量代表恐懼的心理已經改變了身體分泌物的化學成分了，恐懼的受害者不僅未老先衰，而且他們過早地逝去。天啊！恐懼不知讓多少人過早地鑽進墳墓！它讓許多人因為心靈的不平衡而去犯罪，在人類歷史上造成了罄竹難書的悲劇。

　　親愛的朋友們，請不要恐懼那些永遠都不會發生的事情，正如你會放棄任何讓你遭受痛苦的壞習慣一樣。不要等

到恐懼的思想在你的心靈與想像之中扎根，要迅速應用解藥，那麼這些恐懼就會遁逃無形。世上沒有任何恐懼是深入到心靈之中的，我們可以透過大自然的解藥去摒除這種恐懼的思想，用勇敢的思想、確信、自信與充滿信念的思想來替代。當這種對不祥之事的預感、擔憂開始對你發揮作用之時，不僅不要沉溺其中，或者讓它們變得更加強大與黑暗，而是要改變自己的思想，要從相反的方向來思想。

若恐懼是屬於個人的失敗，就會讓你覺得自己的渺小與弱小，讓你無法去應對偉大的任務，然後你會失敗無疑，此時，我們就要想想自己是多麼地強大與具有競爭力，你能夠勇敢而成功地完成任務，並且想要做得更好。

總之，正是這種態度，無論是有意為之，或是因為其他因素，都會讓我們進入更高的境界。

第五十五章　恐懼的惡魔

第五十六章　一再拖延的習慣

神話中的智慧女神米娜瓦（Minerva），從朱比特（Iuppiter）的大腦中獲得完整與充盈的力量，獲得了最高層次的觀念、最為有效的思想與最具創意與發明的主意，還有最為宏大的視野。

倘若我們能將一些心智最為銳利的時刻凝固，那我們人生之中應該能做許多輝煌的事情，我們會讓自己成為一個更加美好的人。我們之所以變得那麼圓滿與成熟，在於自身的能量，這全然是源於大腦。那些時刻拖延自己幻想、不敢去執行自身想法的人，就是在壓抑自己的想法，總想著在一個更為方便的時候去做的人，他們讓自己變成弱者；反之，那些精力旺盛、充滿力量與效率的人，則在熱情的激勵之下付諸實踐。

我們的理想、願景、決心，每天都是那麼地新鮮，因為每一天都是神性的計畫在我們體內運作，並非為明天預留的。記住：那種凡事拖延的習慣扼殺了人們心中最為強大的主動性。過分的小心謹慎與缺乏自信，是發揮主觀能動性的致命敵人，當目標驅使我們之時，當熱情相伴之時，千萬不要時刻想著要拖延，如果我們知道這其中的奧妙，我們就更

容易做好事情。記住：將事情一直拖到明天所耗費的能量本來可以將屬於今天的事情全部完成的。而要將本該做的事情延後去做，這是讓人難以忍受與感到不悅的，而原本做起來比較歡愉的事情，在拖延數日或數週之後，就變成了一種負累。

人們時常看不到的是，人生命運的走向是一條多麼詭異的線！通常這只是一時所帶來的美好的狀態，而一旦失去了，接下來將是數日或數年的損失。

當一股強大與旺盛的思維進入作家的大腦，他幾乎面臨著某種無法抵擋的衝動去握住自己手中的筆，並且將心靈這些美麗的畫面與讓人心動的觀點寫在紙上，但此時卻並非讓自己覺得舒適，而讓自己覺得不能再繼續等待下去了，一個強烈的靈感以電光石火的速度閃過藝術家的大腦，但在這種印象消退之前，讓他拿起畫筆去將這些影像凝固成一幅永恆的畫面，卻是極為不便的，他此時可能並不身在畫室之中，或者他無法將這種宏大的視野還原在畫布之上，於是這一切都得不到顯示，於是這種美好的影像隨著時間的推移逐漸地消失了。對此，賽凡提斯說過：「在走馬觀花的街道上，人們最終無處可棲。」

為什麼我們會擁有這麼強烈、旺盛的衝動呢？這些無限的神性的願景，為什麼會以如此的速度與旺盛的精力，如此

清晰而又突然地闖入我們的心靈呢？這是因為靈感需要我們在其形象新鮮、思想熾熱之時就加以執行，就立即去使用。

「拖延有著危險的後果。」凱薩因為沒有閱讀信件讓他在議會上喪命。勞爾上校，這位在黑西戰場的指揮官在特林頓的時候，當信使帶來一封信稱華盛頓正在穿越德拉瓦，而當時的他正在玩牌，他就順手將信件放入口袋而沒有理會，直到遊戲結束，當他集合手下的部隊，還來不及被俘虜，就被擊斃了。總之，不知道多少人讓自己感到心靈扭曲，並產生各種愚蠢的推託、延後，不去看一趟眼科醫生或牙科醫生損害了自己的健康。沒有比遊手好閒更能對我們的能量造成致命的損害，更加癱瘓我們的執行能力的了，世上沒有比這種拖延更讓人唏噓的了。我認識許多人都因拖拉、懶惰的習慣而讓人感到悲哀。

遠離這種拖延的習慣，正如你要遠離犯罪的傾向！一旦當你感受到這種誘惑之時，跳起來用自己所有的能力拒絕它，即便在最艱難的環境下，也要去做自己的事情，絕不要從一開始去做一些最為容易的事情，要去集中力量攻擊最為艱難的，直到你克服了這個習慣。我們要像對待一個危險的敵人那樣去應對恐懼拖拉這種習慣，它讓我們失去特質、失去機會，剝奪我們的自由，讓我們成為奴隸。要立即開始你眼前的任務。因為每個時刻的拖延都讓你覺得越來越困難。

第五十六章　一再拖延的習慣

　　「現在就開始吧，你還等什麼呢？」這是每一個成功人士的座右銘。正是這個信念讓許多年輕人免於陷入不必要的災難。

▎第五十七章　如何彌補自身的缺陷

　　我們只是剛剛開始意識到自己大腦的潛能，發現了大腦變化與性格構建上的一些祕密，這樣的認知有時候會改變我們的教育方法。

　　我們的思想支撐著我們的身體。身體是否協調，是否處於和諧狀態，是否處於疾病或健康狀態，這些都是與我們習慣性的思想以及自身的想法息息相關的。

　　有些人意識到這個事實，透過堅持正確的思維方法來獲得改進，於是他們在一年內能夠改變自身的氣質，而其他人幾乎難以認清原先的那個他。他們改變了過往那張布滿疑惑的臉，不再被恐懼與煩惱所困擾，不再被憂慮與陋習所阻滯，而是洋溢著希望、樂觀的笑臉。

　　當我們感到沮喪之時，世間萬物都顯得很黑暗，但是我們不沮喪，充滿自信與陽光，那說不定一些美好的運氣也許突然降臨到我們身上呢！或者一些很久沒有見面的快樂與友善的朋友來拜訪我們，或者我們到鄉村去走一趟之後，心靈所遭受的傷害都被一種全新的人生感悟所治癒，這些有什麼不可能呢？

　　也許，旅行之時，我們看到一些美麗的景色或一些我們

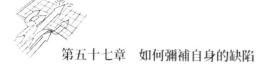

看過的美好藝術品，這些都是我們所夢寐以求的，這種強烈的希望與興趣——這種美感所帶來的神奇，顯得如此美好與宏大，以至於這完全消除了憂慮或恐懼的思想，而在此之前，這些思想仍在摧毀著我們的幸福。

許多人都意識到，他們在許多方面上都有足夠的能力，但他們卻缺乏這種意識。正是因為缺乏這種意識成為他們的絆腳石，因為這摧毀了他們優秀的自我信念。但這卻是成就所有偉大都必不可少的。

這些不足或軟弱通常都是由於大腦部分功能缺乏鍛鍊造成的，我們完全可以憑藉一些實用的方法來逐漸改變並強化這種軟弱的人格，讓它們恢復正常，因為大腦會因其活動、其驅使的動機讓我們不斷地得到改變。舉個例子來說，許多久居城市的人都會想去鄉村兜兜風，讓大腦更趨向於多元的發展，城市人思考的速度會更快一點，他們的行為會更為迅速，他們的觀念會更為銳利，因為複雜與緊張的生活需要這樣。

若你能力不足，若你有什麼不足之處，或者你想成為自己想要成為的那個人，那麼請集中你的精力於自己所希望得到的方面吧！大腦的思維細胞將透過控制思想來得到增強，正如疑問與缺失自信會讓人變得軟弱起來。

若你為人猶豫不決，若你缺乏決斷，只需讓自己獲取某

種決斷的心態，迅速肯定自己，進而做出明智、堅定與最終的決定。記住：我們不僅可以加強自身心理的弱項，也完全可以透過別人的建議來獲得力量。

許多人由於無知與迷信，他們被憂慮、恐懼與麻煩所困擾，他們的大腦無法表達出自身十分之一的創造力；但若是我們懂得習慣形成的法則，要治癒這些東西其實也並不是十分困難的。因為，整件事情其實只不過是與原先讓人受傷的思維習慣背道而馳罷了。比如，有很多枯萎的天才，因為改變了職業與環境，或者當別人對他們原先的特殊才能有所了解之時，他們就可迅速地恢復活力。

有時，一些相當強大的功能仍然在實際意義上毫無進展，這是因為我們目前的職業與心理活動都並沒有將這些能力喚醒，它們仍舊處於沉睡之中。

有很多人完全改變了大腦的想法，讓那些因為缺乏鍛鍊或天生脆弱的人去獲得強大的功能。在很多人中，一些心理功能完全是缺乏的，但這卻是可以加強的，前提是只要他們願意接受改變。

人的大腦是可以變化的，每個職位都有不同的使命，這讓人培養起適合各自的品行。所以，各種不同的職業、工作以及特殊的技能不斷增強。也正因為如此，才賦予了我們的文明巨大的變化與力量。

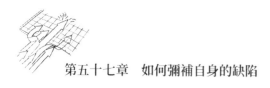

　　大腦運作的科學讓我們知道如何阻止與消除個人特質與癖好，如何去加強我們的軟弱之處。我們應該了解到，大腦均衡的發展讓我們獲得能量，讓我們擁有一些特殊的功能與能力。

▌第五十八章　自我提升的習慣是一種資產

　　我們到處可以看到，許多年輕的男女在後來的人生中都處於一種極為平常的位置，雖然他們擁有良好的天賦，但卻從未得到很好的培養，沒有認真地去發展。他們的薪水都在星期六晚上的揮霍中消耗了，而這都是他們所預見到的一切，他們卻明知不可為而為之，這樣的結果將導致他們的見聞變得狹隘，他們的事業也會因此而充滿狹隘與局限。

　　許多人只是利用了自身很少的一部分能力，比如由於缺乏自律與教育的輔助而難以挖掘潛在的能力，這讓他們處於一種劣勢之中。一個天生可能會成為雇主的人，卻通常被迫處於一個普通員工的位置之上，因為他的心靈沒有得到系統的訓練。

　　教育就是力量。無論你的薪水是多少，你平常所得到的每一點珍貴的資訊，每一次有趣的閱讀與思考，都是極為珍貴的。事實上，這都讓你變成一個更為寬廣與圓滿的人，讓你不斷前進。我認識一些年輕人，他們每天努力工作，賺取一點薪資，在休閒的時候，不斷提升自己的心靈，從長遠回報來看，這要比他們的實際工作所帶來的利益更為有益。我始終認為，他們的薪水相比於心智的成長是不值一提的。

　　一個人儲存得越多，就越加豐富，同樣的道理，你知道得越多，就越加淵博。你所存儲的每一點知識，都會讓你的人生豐富起來，所有這些自我投資都會讓你不斷優秀起來，讓你變得更加完整、美好，更懂得如何去應對人生。

　　我認識一位年輕人，他喜歡透過鐵路或水路的方式來旅行。無論到哪裡，他總是帶去一些閱讀材料，無論是袖珍型的經典讀物還是報紙，他總是在休閒時間裡不斷提升自己，而很多人卻將這些時間浪費了。結果是，他對許多方面的知識都有著深刻的了解，他在歷史、文學、科學以及其他重要的科學知識領域都有深刻的認知。

　　一個年輕人曾利用每天工作之後，在冬日漫長的夜晚中，在腦海中思量著每個機會，事實會告訴你這個年輕人未來的希望所在。一個人可能會說，試著去從微薄的薪水之中節省一點是沒有意義的，因為這點錢是不可能讓自己顯得富有起來的，所以他就隨心所欲地花銷。這樣，他就再也不會在業餘時間內透過學習來獲得自由的教育，但你是否想過，許多人在他們的業餘時間與冬日漫長的夜晚裡學到的知識，相當於許多人在大學期間所得到的知識。

　　在世界歷史上，從來沒有哪個時代教育的重要性像今天這樣占據如此重要的地位，賦予了知識如此之多的巨大動力。競爭已經變得激烈，而人生也變得更加勤奮，這就是提

升自身的價值。

　　我們中大多數人所遇到的問題是，我們不能一下子就去完成所有的事情，只有透過不懈的努力，才能讓我們變得更加宏大、更為寬廣，讓我們將無知的地平線不斷地向後推遠。這是一個多麼寶貴的機會啊！你會放棄這個被許多人都浪費掉的機會嗎？

　　看到年輕人粗心地閱讀、無序地思想、缺乏目標，而不是從與別人的談話中或者報紙與書籍中吸取無價的知識，這讓人痛心。他們竟然沒有意識到，自己是在扔掉這些無價的東西，這些東西會讓他們的人生價值無法衡量。

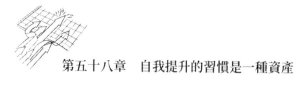

第五十八章　自我提升的習慣是一種資產

▍第五十九章　透過閱讀自我提升

　　一個沒有圖書、報刊的家，就好像一個沒有窗戶的家。孩子們可以在知識的海洋中徜徉，他們在與書刊打交道的過程中，不知不覺中吸收了知識。任何家庭都可以讓孩子們喜歡閱讀，現在擁有一個屬於自己的圖書館已不再是奢侈品了，而是必需品。這是時代所需，這是發展與進步所需。

　　一個聰明的學生從自己的學習生涯中得到最重要的教訓，比如，他可以透過學習熟悉書中的知識，他可以從圖書館中挑選一本對自己人生最為有價值的書籍，這會讓他得到提升。這就像一個人為了智力的拓展與社交的發展而選擇利器一樣，所謂「工欲善其事，必先利其器」，他明白這樣的道理。

　　倘若允許聰明的孩子從書籍中吸取知識，去認真學習，對其中的知識與主題有所了解，那麼孩子的進步速度是讓人震驚的。耶魯大學的哈德利（Arthur Twining Hadley）校長說：「現實生活中各行各業的人們，無論是從事商業、運輸、製造業，他們都告訴我，他們是在大學中獲得了選擇有用書籍的能力。這種類型的學習一開始都在千千萬萬有書的家庭開始了。」

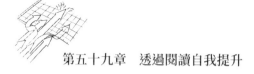

　　難道一個人在人生的早年中不應該獲得一生中最為重要的教育嗎？正是在家庭的氛圍中，我們形成了自己的習慣，決定了日後的人生走向，這種習慣一輩子都會跟隨著我們。正是在家庭中，有序與堅持的心理鍛鍊才會決定我們日後的生活，比如那些擁有詞典、百科全書、歷史書，或各種參考書與具有價值書籍的孩子們，他們會在不經意間學習到知識，這一切都是無須任何花費的，他們將在這段時間裡學到許多知識。否則的話，這些書籍也就被浪費了。若他們不在學校、技術學院或大學裡，這些是花費甚巨的，除此之外，家庭因為擁有好書而倍加增輝、更具吸引力，孩子們也願意待在這樣溫馨的環境之中，而那些沒有接受此等教育的孩子，會時常想著遠離家庭，到處遊蕩，並且處於各種邪惡的誘惑與危險之中。

　　我們可以穿著破舊的衣服與縫補的鞋子，但不要在購買好書的時候吝嗇，若你無法給予孩子系統接受大學教育的機會，至少可以讓他接觸優秀的書籍與報刊，讓他從日常的環境中擺脫出來，回歸到受人尊敬與榮耀之中。據說，亨利·克雷的母親將自己刷馬桶所積累下的錢來購買書籍。

　　我認識一個新英格蘭家庭，整個家庭，無論孩子還是父母都一致同意，每個晚上將一部分時間抽出用於學習與自我修養。晚餐之後，他們就讓大家處於完全休閒的狀態之中，

他們通常都玩得很開心，在接下來的一個小時之內享受著家庭的樂趣。接著就是認真學習的時候了。在接下來的時間裡，整個房間都十分安靜，甚至連針掉到地上的聲音都可以聽見，每個人都在自己的房間裡閱讀、寫作與學習，或者參與各種心智的鍛鍊若家庭的某個人的狀態不佳或者出於其他原因不願意這樣做，他至少要保持安靜，不去打擾別人。這個家庭是全然和諧與目標統一的，因為整個家庭營造著一個學習的理想狀態。

記住：任何讓我們的努力分散並且讓心智無法集中的東西，所有打斷我們思想連貫的事情，都是要小心謹慎地避免的。在安靜、連續的一個小時的學習裡，要比在時常被打斷的兩個小時或精神不集中的學習更為有益。

我知道不少可悲的例子，許多有雄心的男女長久以來都想提升自己，但他們卻被家庭的不良環境所阻礙，每當夜晚降臨的時候，每個家庭成員都在談話，開著玩笑，根本無意去自我提升。他們沒有更為高級的理想，他們缺乏去閱讀更高趣味的東西的衝動，他們只是安於一些廉價有趣的故事，不僅如此，他們還嘲笑有理想的家庭成員，難道他們希望自己或別人變得沮喪、放棄努力嗎？這真是不可理喻呀！

即使在最忙碌的生活中，若能把握時間，也要合理安排擠出時間為自己所用。許多家庭主婦從早到晚地忙碌，她們

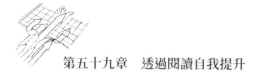

深信自己根本沒有時間去閱讀書籍、雜誌，她們若能夠系統地安排時間就會驚訝地發現，自己也能有如此之多的休閒時間。

有序的工作有助於節省時間，我們當然應該將我們的生活計畫加以調整，讓我們擁有更多的時間去自我提升，更加拓展自己的人生，但是許多人認為他們唯一有時間去自我提升的，是在他們忙完所有事情之後的狀態。

「每天要養成閱讀 10 分鐘的優良習慣。」查爾斯‧威廉‧艾略特，這位哈佛大學的前任校長說，「每天 10 分鐘的閱讀，在 20 年中將造成一個有教養與村野之人的區別。若你能讀一些有用的書籍 —— 我所說的有用書籍是被世人所證明過的書籍，可以是故事、詩歌、歷史與自傳等方面的經典作品。」

我們中許多人都能為我們自己喜歡做的事情找到時間，一個人若真的渴求知識、渴求自我提升，他就會為自己創造機會。只要有心，就有所得。只要有心，時間總是會有的。

第六十章　學不逢時

不要因為人到中年之後沒有接受教育而感到沮喪。我曾認識一個人，他從一個懶惰、散漫與無精打采之人手中買入了一個農場，在 5 月末，他正式掌管其中的資產，而前任的主人在早春時節竟然沒有播種與耕地。

一些鄰居告訴新的主人說：「春天已經過去了，現在做什麼都晚了，只能打理好花園。」但他是一個會動腦筋的人，他種植了一些晚熟的作物，為此，他成功地獲得了一個沉甸甸的豐收 —— 比那些認為他是個愚人的鄰居獲得更多的收入。

你若有雄心，想要最大限度地發揮自己的特長，特別是如果你想彌補自己早年未能接受教育所帶來的損失的話，記住，你若遇到一位印刷工人，他能向你介紹關於印刷方面的技能；泥水匠則能告訴你許多你原先並不知道的東西；你會發現普通的農民擁有一些你平常極為忽視的知識，而這些都是極為睿智的。

正是這種時刻想要從各種環境中汲取營養的行為才讓我們明智起來，正是知識的多元化讓人的視野更為寬廣與富有同情心 —— 這樣才能擺脫原先的狹隘與生鏽的心靈。記住：對那些未能接受大學教育的人而言，那種過分強調大學教育

第六十章　學不逢時

的心理趨向是很強烈的，對那些因為要支持家庭或因健康不佳而無法上大學的人而言，他們認為自己遭受了無法挽回的損失，他們覺得這是人生中永遠也難以彌補的損失，因為他們把未能接受大學教育的遭遇看成是無法忘記的是不可挽回的，不僅如此，即便他們意識到還有挽回的可能性，他們的思維模式也會認為自己從閱讀或自我學習之中是難以有所收穫的，但事實上，許多最有學識與修養之人，或辦事最為高效的男女，他們中很多人都沒真正上過大學，有些甚至沒上過高中。

我認識一個人，他連小學都沒有讀完，但他卻透過閱讀歷史書籍與自傳成為這方面的專家，世人也將他視為飽學之士。他閱讀廣泛，英文水準極高，儘管他不知道關於文法之類的知識，但他已經習慣了那些優秀作家的表達方式。我的意思是說，他不知不覺間採取了這種美好的表達方式，而且更讓人敬佩的是，他談話的時候很少出錯。

那些抱怨沒有讀過大學，抱怨因此而學不到知識的人，不妨想想這個年輕人吧！想想那些為家庭自學而準備的書籍所帶來的巨大可能性吧！

透過在閒暇時間上夜校，這是獲得教育的一種不錯的方式，許多人因此而掃除了自己的無知。透過學校的學習可以免於許多尷尬與不滿，以後我們的成功有很大一部分功勞要

歸功於在此期間所獲得的知識，遺憾的是，許多成年人都認為，一旦人過中年之後，過了那段學習最旺盛的時期，他們就無法獲得更多，也永遠難以獲得教育或者彌補過往失去的機會。

這個世界上最為讓人動容的事情，就是一個成年人抓住每個機會去彌補早年因未能接受教育所帶來的傷痛，在他的業餘與夜晚這些時間投入的整個努力，會讓他變得更為豐滿與廣博。

不要覺得自己已不在學校，就認為學習知識極為困難，從而感到沮喪，教育本身就是一個極為寬泛的概念，在今天，你可以掌握更多的知識，甚至勝過你在年輕時的認知。

透過不斷的學習，你的心智會變得成熟，你將擁有更好的判斷力，而且你還會對時間的價值有一個更好的認知。記住：一個自我修養的機會對你意味著更多。我認識一些人在學校的表現很差，他們很難從書中獲得更多的知識，但在日後的人生之中，他們努力地去彌補自己當年知識上的不足，因為他們知道透過不斷的努力，自己是可以變得優秀的，於是經過努力，他們變得更為聰明與睿智了。

事實上，人的一生就是一所美好的學校，所有有利於我們成長、發展、進步的東西都是這個世界上最好的老師，我們可以在每一天的每一分鐘都吸收知識，也可以在日常生活

中獲得瑣碎的知識，總之，我們要做到眼觀六路耳聽八方，接受一切可以為我所用的知識，那麼，接下來就剩下透過反思來讓自己獲得更為高級的知識了。

第六十一章　你為自己的工作感到羞恥嗎

　　我時常遇到一些年輕人，他們不願告訴我他們的職業是什麼，他們對自己所做的工作感到恥辱。

　　不久前，我遇到的一位年輕人很不情願地告訴我，他在一間大型酒吧間裡做男招待。我問他在這裡工作了多久了。他說大約 6 年了吧。他說自己討厭這份工作，因為這樣的工作讓人覺得墮落，但卻能賺不少錢。他總是安慰自己，當自己賺夠了錢就會辭職，去做其他的事情。這個年輕人這幾年來總是在自欺欺人，認為自己做得還行，他很快就會離開了。

　　看到這樣的一個身強體壯、聰明與富於希望的年輕人，原本可堪重任，現在為了支持自己與家庭，卻在做著一種自己不喜歡的工作，不斷地降低自身的理想，讓自己的本性降低，讓自己鄙視自己 —— 這將內心所有的美好與最高貴的一面都給扼殺了。他的內心總是不斷地譴責著自己，讓自己將人生中所有的美好與真正的東西都給放逐了。唉，這多讓人痛心啊！

　　當一個人的大部分力量都在抵制著自己的工作，他是難以取得進步的，總之，讓一個人去做違反自己天性的工作，這對整個人都是極為有害的，屈服於我們自身無法自重的東

西，這對於自身的成長是致命的。一個人得不到足夠的拓展，就是因為他處於一個錯誤的位置之上，同時也是一個人枯萎與萎縮的原因。

許多年輕人都在時刻暗示著自己，最好的東西還需要繼續等待，即便現在自己不是很喜歡，他們還是以這樣的藉口為自己的行為正名，並遏制內心的反叛情緒，實際上，在他們真正聆聽自己內心的聲音之前，這些都只不過是讓良心保持平靜的一種鎮靜劑而已。

長時間去熟悉一個不適合自己的工作，將讓這個工作適合你自己，倘若這是有利可圖的話，最後會打消你的疑慮，因為這會讓你覺得這就是獲取金錢所必須做的 —— 至少要等到金錢累積到一定程度的情況下，再去考慮其他。

生活中有一種習慣的哲學就是，任何一個行為的不斷重複會讓人對其加以肯定，這將會不斷地重複下去，迅速地讓行為者成為一個機械式的奴隸，即便是內心有所反抗，但那太微弱了，所以這是無濟於事的，不僅如此，這種飽經鍛鍊的神經會不斷地重複這種行為，儘管你很討厭這種行為，而且你一開始所選擇的最終都會驅使著你，你無可避免地被限制於自己的行為之中，正如原子受到重力的作用一樣。

不要欺騙自己，想著在骯髒的工作中賺乾淨的金錢，不要以為自己能夠憑藉一個不良的工作去提升自己的品德，讓

自己為世人所尊重，這種想法只是自欺欺人。許多人都是因為這種想法而陷入了自我毀滅，有些工作是會讓道德急劇下降的，讓人變得殘忍，內心變得更加堅硬，即便是林肯也難以讓其變得高尚起來。

若你正在做的事情是錯誤的，停下來吧！不要去做了。若你處於疑惑之中或者認為自己正在扭曲自己的良心，大膽地讓你去對其感到疑惑吧！這對你只有好處。記住：不要漠視它，不要亡羊補牢。你要趕緊停止下來，找尋另外一條正確的出路。

若是必須的話，寧願穿著破舊的衣服，住在沒有地毯與家徒四壁的家中；寧願每天只吃一頓，也絕不要出賣自己的尊嚴，或讓自己的能力去做一些不潔的事情；寧願去挖深溝，去提砂漿桶，到鐵路上做一個雜工，鏟煤 —— 或任何工作，也不要去犧牲自身的尊嚴、模糊對與錯的價值觀。記住：讚許只有源於意識到在自己的可能性之中做到了最好，這才是最棒的。為什麼你要褻瀆自己的自尊或扭曲自己的能力，處於一個可鄙的位置之上呢？其實有很多更為乾淨、值得尊敬的職業都是適合你的能力的，都在找尋你的智慧呢！

不要去選擇那些只顧著能賺錢的工作，物質上有最大回報的工作，或最能帶來聲譽與名望的工作，而要選擇那些能讓自身才華得到施展的工作，這樣才能將自己最強大的力量

與氣魄、個人名望都展現出來的，這要比財富更為重要，比名聲更為重要。記住：我們要下定決心不將骯髒的金錢放入口袋，這是需要勇氣的。以欺騙與矇騙的方式獲得金錢，沾滿了人類的悲傷，這種金錢讓那些受騙的窮人更加貧窮，當然，你也不要憑此來摧毀別人隱藏在心中的計畫，讓別人熄滅理想與接受教育的動力，這是極為不道德的，因為這涉及人品問題，同時，這也是為什麼人要有脊梁與勇氣存在的必要性。

▌第六十二章　心靈的朋友與敵人

　　我們可以讓心靈成為美的藝術畫廊，也可以充斥恐怖的景象，我們可以隨心所欲地加以改變。

　　你寧讓小偷進入家中，掠走最昂貴的東西，讓你失去金錢與財產，也不要讓他奪走你的幸福與成功感。有不少人都是在心理陰影中思考的，他們總是在一個物理的存在中不斷進行，也就是說，心理的圖像在現實生活中複製到我們的性格之中了，然後整個身體的機能都在不斷地解讀著這些圖像，嵌入我們的生活與品格之中。

　　有時，我們會看到這種思想的力量以宏大的方式顯現出來，舉個例子來說，當某種巨大的悲傷、失望或沉重的金融損失在短時間內改變一個人的容貌，以至於他的朋友們都無法認清楚他，這便是最好的解釋。

　　在很大程度上，人生中輸出的價值取決於我們自身心靈的敵人是否處於一種和諧的狀態，如果我們能做到不讓它們扼殺我們的主動性與效率，那麼我們人生的輸出價值將大大提升。因為心靈的敵人對我們的摩擦、傾軋會給我們帶來毀滅，比如，當你無法掌控自己，你的心靈變得邪惡，就是這些心靈的敵人掌控你了。

　　我們中很多人都難以理解多元的思想與建議的不同之處。我們都知道一個有趣、樂觀與令人鼓舞的觀點將帶給我們強烈的震撼，然後讓我們感到振奮與歡樂，這帶給我們新生的勇氣、希望以及人生的旅程，比如，我們在指尖上都能感受到疼痛，這就像一個歡樂與高興的電流一樣滲透我們的全身。

　　每個人都可以建立起屬於自己的世界，製造屬於自己的氣氛。他能用困難、恐懼、疑惑、絕望與悲觀來去填充。所以，人生不免會被陰鬱與災難所影響。當然，我們也能讓氣氛處於清明、乾淨與甜美之中，然後驅趕所有陰鬱與邪惡、嫉妒的思想。這兩者之間可以相互作用，就看你如何選擇了。

　　那些能夠運用正確思想的人，能用希望去替代絕望，用勇氣來替代羞怯，用決斷與堅定來替代猶豫、疑惑與不確定，讓心靈注滿了友善的思想、樂觀與充滿歡樂的思想。這樣，對他自己而言，就有一種巨大的促進作用在幫助著他，讓他能夠戰勝自己的憂鬱，讓他擺脫憂鬱、沮喪與疑惑的桎梏。比起那些無法控制自身情緒的人而言，他的成就會更大。

　　記住：無論你做什麼，或者沒有什麼事情可做，都要下定決心，不要讓任何病態、沮喪的思想進入你的心靈之中。

若我們從小就被灌輸，要讓我們的心靈抵制所有的低下、毀滅與敵對的思想，讓我們懷抱著勇氣與鼓舞之情，讓歡樂、希望帶給我們陽光，

　　要想擺脫這種思想的敵人，需要我們長時間、有系統與持續的努力，換句話說，一個人在沒有旺盛精力的情況下抵抗這種思想是很難的，但是你要明白，如果不在這些不良的思想占據我們的大腦之前就將其去除，讓心靈處於一種健康和諧的環境中，我們怎能獲得內心的平靜與健康呢？

　　觀念與思想就如其他所有的東西會吸附與它們親近的東西一樣，在心靈中占據主要位置的思想將會驅趕所有敵對的勢力，比如樂觀將會驅趕悲觀，歡樂將會驅趕陰鬱，希望將會驅趕沮喪，讓心靈充滿了愛的陽光，所有的仇恨與嫉妒都會遠走高飛，總之只要你願意這樣去做，這些黑暗的陰影將無法在愛的陽光下生存。

　　你無法過分肯定自己就是處於一種完美的心靈畫面之中。愛、真、美這些才是我們所要表達的。所有這些敵對的思想都阻礙著我們人生前進的腳步。我們必須要以積極的思想去擺脫這種思想的困擾、摧毀這種思想。

　　堅持讓自己的心靈中充滿著美好的思想，慷慨、大度與慈愛的思想，愛的思想，真的思想與和諧的思想，所有不協調的思想必須驅離。一句話，這兩種思想絕不能同時存在。

記住：真實的思想是錯誤思想的解藥，而和諧的思想則是紛爭思想的解藥，同理，美的思想對抗邪惡的思想。

愛、慈愛、仁慈、善良、對所有人友善，這些都會激起我們心中最高尚的品格，它們讓我們的人生獲得了提升，讓我們獲得了健康，和諧的力量；它們讓我們趨於健康，讓我們與上帝的心靈同步。

當我們還是小孩的時候，就已經知道在鄉村赤腳走路要避開那些尖銳的石頭和會刺傷我們雙腳的荊棘，學會避開那些會傷害我們給我們留下痛苦與疤痕的東西，其實並不困難，這只是一個在心靈中趕走敵人，讓自己獲得朋友的問題而已。

那種仇恨的思想、嫉妒與自私的思想，曾讓我們為之流血與感到痛苦，我們必須摒棄它。

第六十三章　當工作成為一種投資

　　寧願一無所有，待在曠野中，以獲得健康，也不願付錢給醫生去喝討厭的藥劑。健康的治療源於鍛鍊，上帝創造我們絕非只是修補。

　　看看一般的職員，在一年緊張工作的盡頭，在漫長與悶熱的日子裡，讓他待在城市的辦公室裡流汗，他肯定會感到惱怒與不滿。看看那些幾個月都在緊繃著神經的作者，他們的墨水已乾，身心都處於不協調的狀態之中，再也無法敏銳捕捉自身的想法。看看那些辛勤的律師與醫生，疲倦寫在他們臉上，神經細胞在支撐著他們，大自然正在讓人們因為過分勞累而付出代價。看看那些忙碌的妻子與家庭主婦們，她們被局限在家中的狹小空間裡，每天都重複著相同的行為，年復一年。很明顯的一點是，她需要到大自然母親的懷抱中度過一個休養與治癒的時節。看看那些臉色蒼白的學生與職員，他們放下手中的書本，雙眼無神趴在桌子上，他們就像鮮花與植物在長時間的大旱之後凋零了。看看在我們城市街道中走路的各行各業的人，看看他們不知多麼渴求大自然樹林的滋潤與愛護。

　　難道人們不會對時間做一次有益的投資，讓自己能夠更

好地掌握工作，增強我們每天應對問題的能力，對人生有一個更為樂觀的想法，讓自己全身心都獲得一種全新的力量嗎？

那麼，當他們在兩三週或一個月回來之後，他們會有神奇的轉變！他們曾經感到無聊，而現在卻煥發新生、精神振奮，充滿了新的希望與新的計畫，對人生有更為寬廣的視野。當一個人告訴我他無法抽身去旅行之時，我不禁在想肯定是哪裡出問題了，可能是他還未能全面應對工作，或是缺乏讓別人代理的權力，或者沒有系統地進行分工，導致企業在自己缺席的情況下無法順利地運作，抑或他為人過於吝嗇，不願在一年長長的時間裡騰出幾週時間，一心只想著去積累金錢。若某個商人有真正的能力且擁有執行與組織能力的話，他的假期就是對自身與企業最佳的投資。遠離那種認為自己不可以給自己放假的心理吧！這完全是一個錯誤的想法，事實上，你可讓自己的假期富於價值，許多人都是直到人生的自然終結，將躺在靈車上的休息視為最終的休息。因為只有在那時，他才真正獲得人生的時間，也有人在醫院、療養院與貧民所中寂寥地徘徊，還有些人因大腦的局部麻痺與藥物的過分使用，而變得無可挽回。無論從任何觀點來看，一個假期都是極具價值的，所以讓身體處於一種透支狀態，只知努力地工作，或是用一個疲倦、混沌的大腦去思考，不懂得休整和保養自己以便更好地工作，可能是最殘忍的。

當你感到疲倦、沒有精神、提不起興趣時，大腦將會迅速告訴你——你需要一個假期。當身體需要休息的時候，它會給你一個不容忽視的信號。那麼，請將工作放一放吧！

　　當你失去了自我控制能力或者因一些最瑣碎的私情而大發雷霆之時，當你強迫自己去做之前還以為是有趣的工作；當你開始感覺自己處於麻木與惱怒之時，當你的野心與熱情開始在消退，當你頭痛之時，你的雙眸失去了色澤，你的雙腿失去了彈性，你需要一個假期！

　　無論你是一個學生、商人還是專業人士，或是一個家庭主婦，有很多症狀都是你不容忽視的，這是在暗示你必須停下來，否則就要承擔其中的後果。若你不去理會它的警告，它就會讓你付出代價，甚至涉及你的生命。無論是國王還是乞丐，在它眼中都是如此。要意識到自己不要去做大自然所禁止的事情。它可能警告了你不止兩三次，可能是經常這樣。不聽的話，最終的懲罰是不可避免的。

官網

國家圖書館出版品預行編目資料

因為進度太落後，所以需要高效心理學：跨出舒適圈 × 揮別拖延症 × 培養抗壓性 × 訓練判斷力，工作永遠跑在最前線！/ [美] 奧里森・馬登（Orison Marden）著；王東升 譯 . -- 第一版 . -- 臺北市：崧燁文化事業有限公司 , 2023.05
面； 公分
POD 版
譯自：Training for efficiency.
ISBN 978-626-357-326-0(平裝)
1.CST: 成功法 2.CST: 生活指導
177.2 112005532

因為進度太落後，所以需要高效心理學：跨出舒適圈 × 揮別拖延症 × 培養抗壓性 × 訓練判斷力，工作永遠跑在最前線！

臉書

作　　者：[美] 奧里森・馬登（Orison Marden）

翻　　譯：王東升

發 行 人：黃振庭

出 版 者：崧燁文化事業有限公司

發 行 者：崧燁文化事業有限公司

E-mail：sonbookservice@gmail.com

粉 絲 頁：https://www.facebook.com/sonbookss/

網　　址：https://sonbook.net/

地　　址：台北市中正區重慶南路一段六十一號八樓 815 室

Rm. 815, 8F., No.61, Sec. 1, Chongqing S. Rd., Zhongzheng Dist., Taipei City 100, Taiwan

電　　話：(02)2370-3310　　傳　　真：(02) 2388-1990

印　　刷：京峯彩色印刷有限公司（京峰數位）

律師顧問：廣華律師事務所 張珮琦律師

定　　價：350 元

發行日期：2023 年 05 月第一版

◎本書以 POD 印製